AF293616

# QUI SUIS-JE ?

# SUIS-JE GARDIEN DE MON FRÈRE ?

Édition : BoD · Books on Demand GmbH, In de Tarpen 42, 22848 Norderstedt (Allemagne)
Impression : Libri Plureos GmbH, Friedensallee 273, 22763 Hamburg (Allemagne)

ISBN : 978-2-3225-3944-4

Dépôt légal : Juin 2024

*Photo de couverture : © Isabelle Lecomte De Guili*

SERGE EYMOND-LARITAZ

# QUI SUIS-JE ?

# SUIS-JE GARDIEN DE MON FRÈRE ?

*Le véritable voyage, le seul bain de Jouvence,*
*ce ne serait pas d'aller vers de nouveaux paysages,*
*mais d'avoir d'autres yeux.*
Marcel Proust

# Une clé de lecture

La question « *Suis-je gardien de mon frère ?* » est extraite du chapitre 4 du Livre de la Genèse dans le récit retraçant l'aventure de *Caïn et Abel* (v.1-16). Traditionnellement ce récit est interprété comme évoquant la jalousie qui conduit à un tragique fratricide. Mais la Bible se prête à de multiples lectures sans forcément remettre en cause les situations et les faits exposés dans le texte. Nous proposons ici une autre lecture qui considère qu'il s'agit d'une *allégorie du cheminement intérieur de l'homme* selon sa vocation et sa destinée. Par cette autre lecture, ce texte biblique devient un guide conduisant l'homme dans sa recherche de sens pour sa vie et celle de l'humanité. Cependant, dans ce cheminement, il rencontrera bien des difficultés, causes de possibles et graves erreurs. C'est tout le mérite de ce récit d'instruire l'homme sur ce parcours et ses difficultés, tout en l'encourageant à toujours poursuivre son chemin qui pourra un jour le conduire à la sérénité, à l'Est d'Éden.

La question posée par ce récit est une interrogation fondamentale de l'homme. Se la poser aujourd'hui peut sembler paradoxal tant nous l'avons oubliée et tant nous n'avons pas su voir que dans la Bible, c'est la parole de Dieu qui vient à nous et qu'en conséquence, nous devons nous élever vers elle au lieu de la ramener à une simple parole d'homme. Malheureusement, c'est ce que nous avons fait trop souvent et ainsi, nous avons perdu le sens spirituel des textes sacrés comme le souligne Jésus dans l'Évangile de Marc (7:8) : « *Vous abandonnez le commandement de Dieu et vous observez la tradition des hommes.* » Nous avons alors du mal à les comprendre dans un sens plus vaste que celui de notre quotidien.

De plus, cette question en ouvre une autre qui imprègne toute la philosophie et la vie spirituelle de l'Inde : « *Qui suis-je ?* » Telle qu'évoquée ici, cette dernière ne concerne nullement notre vie sociale mais permet de plonger dans l'intimité de l'Être, de saisir le mystère de la vie et de notre fraternité avec tous les êtres vivants. L'un des plus grands sages du XXᵉ siècle, Ramana Maharshi, a fait de cette quête du « qui suis-je ? » le pivot de son propre cheminement spirituel, et en conséquence celui de son enseignement, nous invitant à trouver en nous-même la réponse à cette question. Jésus enseigne la même chose, et nous met sur la voie de cette recherche, lorsqu'il dit : « *Le Royaume est le dedans de vous, et il est le dehors de vous. Quand vous vous connaîtrez, alors vous serez connus et vous saurez que c'est vous les fils du Père-le-vivant.* »[1]

Avant d'aborder l'exégèse de ce récit, nous devons accorder toute notre attention à cette parole de Sainte Thérèse d'Avila : « *Les textes sacrés sont difficiles à comprendre, il y faut beau-*

---

[1] Évangile de Thomas logion 3. Cet évangile fut découvert en 1945 en Haute-Égypte.

*coup d'oraison.* » La compréhension de ces textes ne peut donc pas se faire uniquement de manière intellectuelle et sans une nécessaire et persévérante oraison. Cela n'empêche nullement que pour mieux les comprendre nous puissions avoir recours à d'autres outils, tels que ceux que nous utiliserons ici : l'examen du texte en hébreu, l'intériorisation des mots eux-mêmes et l'enseignement de la sagesse de l'Inde.

Cette sagesse de l'Inde peut être vécue en harmonie avec notre propre culture chrétienne et c'est ce qu'a abondamment développé en Occident Noutte Genton-Sunier, que nous appellerons ici par son nom religieux hindou : Mâ Sûryânanda Lakshmî (voir sa biographie en annexe I). Elle a jeté un pont entre ces deux rives de vie spirituelle, ayant elle-même vécu que la révélation divine est « une » et que cette unité peut se retrouver dans divers textes sacrés que connaît le monde, à condition de les comprendre du haut de l'Esprit. Aussi, c'est avec l'aide de ce pont que nous cheminerons dans la présente exégèse.

Le Père Henri Le Saux a merveilleusement résumé ce que cette sagesse peut apporter à l'Occident : « *Le secret de l'Inde c'est l'appel au-dedans, l'ouverture au-dedans, toujours plus au-dedans ; non point l'enseignement de quoi que ce soit de nouveau, mais simplement l'éveil à ce qui est, au sein du fond.* »[2] Cette ouverture et cette intériorisation sont comme les deux faces d'une même médaille qui nous aident à pénétrer plus à fond dans la compréhension spirituelle des textes sacrés, qu'ils soient hindous ou chrétiens.

---

[2] Moine bénédictin ayant vécu en Inde (1910-1973). *Les yeux de lumière*, Le Centurion, 1979, p. 75.

Ce mouvement constant vers le dedans apporte à la spiritualité de l'Inde le sens de l'Unité de toute la vie – de l'identité entre la création et l'Absolu – que l'Occident a largement négligé au profit d'une optique plus dualiste. Or cette dernière a  eu tendance à privilégier une compréhension des textes bibliques dans un sens littéral, historique et moral, leur ôtant du même coup une grande part de leur saveur et de leur parfum.

Pourtant, le Christ a enseigné dans l'Évangile de Luc, au chapitre 17 : « *Le royaume de Dieu ne vient pas de manière à frapper les regards* [v.20]. *On ne dira point : Il est ici, ou Il est là. Car voici le royaume de Dieu est au-dedans de vous.* [v.21] » Hélas dans beaucoup de nos bibles subsistent une erreur de traduction et un malentendu théologique sur le sens du second verset souvent traduit ainsi : « *le royaume de Dieu est au milieu de [ou parmi] vous.* » Cela n'est pas fidèle au texte initial grec qui affirme clairement cette intériorité[3]. Ce texte grec utilise la préposition *entos* signifiant en premier lieu « au-dedans de » ou « à l'intérieur de ». Ce sens de l'intériorité est conforté par la très rare utilisation de cette préposition dans tout le Nouveau Testament où elle ne figure que deux fois : ici et en Matthieu 23:26 où le sens « *à l'intérieur de* » ne peut être dévoyé puisqu'il s'agit de l'intérieur de la coupe et du plat. Notons aussi qu'elle se différencie de la préposition *mesos* signifiant « au milieu de » ou « parmi » que Luc emploie treize fois dans son Évangile dès lors que le contexte requiert son usage. De plus ce qui a été traduit par « royaume » provient dans la Bible grecque du mot βασιλεία (*basileia*), qui comporte un suffixe d'abstraction (-*ia*) incitant à le traduire plutôt par

---

[3] Il est surprenant de constater que beaucoup de traductions en anglais marquent cette intériorité (*within*) alors que c'est très rarement le cas dans les traductions en français. Voir également l'article de Ilaria Ramelli dans « Journal of Syria Studies », 2009.

« règne », comme dans l'oraison dominicale : « *que ton règne vienne...* », ce qui renforce encore le sens de l'intériorité. C'est dire si la parole de Jésus et de Luc, en faveur de cette intériorité du Règne de Dieu est incontestable. Ceci rejoint cette parole de Shrî Râmakrishna[4] : « *C'est depuis que je vois Dieu en tout homme que je connais Dieu.* »[5]

De même dans l'Ancien Testament, lorsque Dieu parle aux juifs, il s'adresse en la profondeur intérieure de l'homme, comme le dit le prophète Samuel : « *L'Éternel ne considère pas ce que l'homme considère ; l'homme regarde ce qui frappe les yeux, mais l'Éternel regarde au cœur.* »[6] Prenons par exemple Deutéronome 7:21 : « *Ne sois point effrayé à cause d'eux (tes ennemis) car l'Éternel ton Dieu est au-dedans de toi.* » Mais là également il est nécessaire de corriger la traduction donnée par la plupart des bibles qui ont utilisé l'expression « *au milieu de toi* »[7] ce qui n'est pas juste et fait de Dieu un chef de clan, le clan des juifs exclusivement. Dieu n'est pas cela. Ce qu'enseigne en réalité ce verset, c'est que les ennemis que nous ne devons pas craindre, seraient peut-être des ennemis extérieurs au peuple juif, mais bien davantage encore nos ennemis intérieurs qui nous empêchent de monter vers l'Éternel.

---

[4] Un des plus grands sages de l'Inde au XIX<sup>e</sup> siècle. Romain Rolland a écrit sur lui une biographie remarquable.

[5] Dans *L'Enseignement de Râmakrishna*, Albin Michel, 1972

[6] 1 Samuel 16:7

[7] Pour exprimer cette intériorité, l'hébreu utilise le terme קֶרֶב (*quereb*) dans toutes les expressions voulant signifier « au-dedans de toi, dans ton sein, dans tes entrailles, dans ton cœur ». Notons que ce terme *quereb* a souvent été confondu avec le terme תּוֹךְ (*tovek*) dont la racine signifie « séparer, diviser ». Ce dernier terme ne met donc pas l'accent sur l'intériorité et son unité, mais est plutôt utilisé pour indiquer une localisation ou une orientation, par exemple « au milieu du Jourdain », « au milieu de la ville », « au milieu du champ ».

Dans la tradition occidentale, plusieurs grands philosophes et mystiques ont pointé du doigt qu'il y avait une autre façon de comprendre cette vie divine intérieure et son universalité, tels :

– Plotin : « *Dieu n'est extérieur à aucun être ; il est en tous les êtres mais ils ne le savent pas. Ils fuient loin de Lui ou plutôt loin d'eux-mêmes.* »

- Saint Augustin : « *Je te cherchais en dehors de moi et je ne trouvais pas le Dieu de mon cœur. Tu étais en moi.* »

- Saint Jean de la Croix : « *Il faut savoir que Dieu se trouve dans chaque âme.* »

- Mâ Sûryânanda Lakshmî *: « Dieu n'est jamais une entité séparée, extérieure à l'homme et à la vie de l'univers. Il est à l'intérieur de toute créature, de toute existence.* »

- Père Teilhard de Chardin : « *Par le fait même qu'ils sont des hommes, même les pluralistes pourraient voir : ils ne sont que des monistes qui s'ignorent.* »[8]

Ainsi la Bible nous dit que Dieu est en l'homme, en tous les hommes, mais ils ne le savent pas et leur tâche est justement de progresser vers cette connaissance, par laquelle ils savent ce qu'ils sont, qu'ils sont dans le Royaume et en même temps gardiens de leurs frères.

Malgré cela, au sein de la chrétienté l'aventure de Caïn et Abel a été en général présentée sous son aspect dualiste – les bons d'un côté et les méchants de l'autre – et aussi moralisateur : nous devons nous occuper de nos frères humains. Certes, cette perspective morale n'est pas inutile et nous invite à nous occuper des

---

[8] Dans *Comment je crois*, tome 10, Seuil, 1969, p. 104. Les monistes considèrent que Dieu et sa création sont « Un » alors que les pluralistes (ou dualistes) ne voient pas cette Unité.

autres lorsqu'ils en ont besoin, elle est peut-être aussi un garde-fou contre certains abus de comportement dans la vie sociale. Elle peut par-là rejoindre la simple morale laïque qui définit les contours du « vivre-ensemble ». Mais elle ne nous dit pas en quoi elle est inhérente à l'homme, c'est-à-dire *pourquoi et comment être gardien de nos frères*. Or le rôle de la Bible, et en général de tout texte sacré, est de nous inviter à découvrir en nous-même cette vérité profonde de l'homme en tant que *fils de Dieu*, et en quoi il est de sa nature d'être *gardien de ses frères*. Ce passage du Livre de la Genèse a justement pour rôle de nous enseigner cela et de nous instruire sur notre démarche pour y parvenir, ce qui nous emmènera loin de l'interprétation traditionnelle.

Nous savons que Jésus parle souvent en parabole car c'est ainsi qu'il se fait mieux comprendre des hommes qui l'entourent et que nous aussi nous comprenons mieux son enseignement par cette forme d'expression. Cette manière qu'a Jésus de se faire entendre nous la retrouvons aussi dans l'Ancien Testament mais s'il n'est pas d'usage dans celui-ci de la qualifier de *parabole*, nous pouvons lui attribuer un synonyme, celui de « *allégorie* », qui en général est plus usité pour les textes très anciens.

Rappelons que selon le dictionnaire Le Robert, une allégorie est « *un procédé par lequel on se propose d'évoquer un sens caché sous le sens littéral* ». Il est évident qu'à l'époque où fut rédigé le Livre de la Genèse[9], ses rédacteurs avaient une façon de concevoir l'histoire et une manière de la raconter qui n'est pas la nôtre. Ceci a bien entendu laissé une empreinte dans leur manière de rédiger le Livre de la Genèse. Les découvertes archéologiques récentes le montrent bien et, dans l'ensemble, elles considèrent

---

[9] Estimée entre le XIIIe et le XVe siècle av. J.-C.

qu'il ne faut pas voir une historicité dans ces textes et aussi ne pas les prendre à la lettre[10]. Nous ne prétendons pas avoir la connaissance suffisante pour discuter de la vérité ou non de cette lettre et de cette historicité, d'autant que beaucoup de faits et d'hypothèses historiques sont toujours sujets à caution et nombre de questions restent ouvertes. Mais s'agissant d'un texte sacré, nous privilégions une autre lecture qui est avant tout *cultuelle et surtout spirituelle*.

Les mots de l'hébreu biblique, comme dans beaucoup des langues anciennes, comportent en eux-mêmes plusieurs significations. A. Chouraqui en a tracé les caractéristiques : « *L'hébreu est la langue de la vision, faite pour évoquer l'image, le mouvement, l'expression concrète du geste – davantage que pour l'analyse subtile des idées. Langue d'un savoir global, d'une révélation concrète – davantage que d'une réflexion abstraite – dont le génie arrache la pensée à l'abstraction pour la livrer à l'impératif de l'acte.* »[11]

Il en découle que, selon Mâ Sûryânanda Lakshmî, cette langue facilite la prise de conscience que « *toute chose, tout événement, tout être comporte d'innombrables significations sur les différents degrés de sa présence intégrale, visibles dans les domaines de l'intellect et du concret, invisibles et impalpables dans le psychisme, le supra-mental et le spirituel aussi bien qu'à l'autre ex-*

---

[10] Par exemple il a été montré par plusieurs archéologues que le peuple hébreu n'a pas été en esclavage en Égypte car l'esclavage n'existait pas dans ce pays à cette époque ; qu'il est impossible que 600 000 hommes (sans compter les enfants) donc un si grand nombre d'êtres humains avec leurs troupeaux aient pu vivre 40 ans dans le désert ; que les Hébreux avec Josué en rentrant dans le pays de Canaan n'ont pas détruit et brûlé plusieurs villes avec leurs murailles fortifiées ni massacré tous leurs habitants.

[11] André Chouraqui, *La vie quotidienne des Hébreux au temps de la Bible*, Hachette, 1971, p. 61.

*trémité, dans le subconscient et l'inconscient. Son sens immédiat, son aspect terrestre n'est qu'un faible degré de sa plénitude et non le plus important. Tout enseignement spirituel n'est de même véritablement compris que s'il est replacé, revécu dans l'optique de la supra conscience lumineuse d'où il vient. »* [12]

Ainsi il est toujours possible de rechercher une interprétation de la Bible qui, sans remettre en cause son sens littéral, va au-delà et nous propose une lecture plus vaste que nous nous efforcerons de découvrir selon la voie tracée par Mâ Sûryânanda Lakshmî lorsqu'elle dit : « *Les textes bibliques concernent toujours la révélation du cheminement de Dieu en l'homme. L'objet, le seul objet, des Écritures sacrées c'est Dieu en l'homme, la progression de l'Esprit, de la Lumière divine en l'homme, et non pas l'homme sur la terre.* »[13]

Sans vouloir se soustraire à la réalité des faits et personnages présentés, force est de constater que les textes bibliques sont souvent plus logiques et plus éclairants quand on les dépersonnalise, en considérant les protagonistes non pas comme des individus, mais comme des composantes, des facettes, des plans de conscience de la vie. À partir de cette clé de lecture nous pourrons voir dans ce récit autre chose que la simple aventure de deux frères rivaux et jaloux, ce qui, d'une part, ne nous apprend pas grand-chose, tellement c'est le lot commun à travers l'humanité, et d'autre part, nous évitera de nous enliser dans une conception dramatique qui mettrait les bons (Abel) d'un côté et les méchants (Caïn) de l'autre.

---

[12] Mâ Sûryânanda Lakshmî, *Exégèse Spirituelle de la Bible. Apocalypse de Jean*, La Baconnière, 1975, p. 9.

[13] Conférence du 17 mai 1987 à Paris.

Cette dédramatisation permettra d'éclairer une autre voie, mais pour cela il convient d'abord de situer le texte étudié dans son environnement textuel. En effet, dans la Bible la continuité des récits et la logique de leurs enchaînements sont telles[14], que pour bien comprendre un passage quelconque il faut toujours voir plus loin que ses limites apparentes et le replacer dans son contexte d'un enseignement spirituel.

Le récit de Caïn et Abel intervient immédiatement après la révélation du jardin d'Éden, rapportée au chapitre 3 du Livre de la Genèse. De cet épisode, on n'a souvent retenu que la soi-disant *faute* d'Adam et Ève qui ont mangé du soi-disant *fruit défendu*. Mais en réalité ce chapitre, s'il peut être vu comme une possible description de l'évolution de la création et de l'homme au fil des millénaires, nous instruit surtout sur *l'évolution de chaque homme lors de sa vie sur la terre*[15]. Il n'y a nulle contradiction entre ces deux façons de comprendre ce récit, mais c'est sur la seconde que nous centrerons notre regard.

Passé les premiers mois après notre naissance, notre conscience se transforme et nous passons d'une conscience dite « océanique » à une conscience dite « dualiste », centrée sur le moi individuel[16]. Les humains ne peuvent éviter cette évolution de la conscience, évolution inhérente à la vie elle-même selon la volonté du Créateur.

---

[14] C'est seulement au XIIIe siècle que la Bible fut organisée en chapitres et versets.

[15] Certains scientifiques, tel Ernst Haeckel, font valoir qu'il y a une concordance entre l'évolution des espèces et les phases de développement de l'embryon humain.

[16] Les sciences de la psychologie de l'enfant montrent que la conscience du « Je, distinct des autres » n'est totalement accomplie que vers 18 mois. (P. Rochat, *Conscience de soi et des autres au début de la vie*, PUF)

Le récit de la création nous fait comprendre que cette évolution, qui est présentée dans la Genèse comme un fait de manger le fruit d'un arbre *inconnu,* ait pour conséquence *que leurs yeux s'ouvrent* et *qu'ils connaissent le bien et le mal* (verset 5). Par cette connaissance, l'enfant-homme prend conscience de son identité individuelle, de son « moi-je » (son ego) et se perçoit comme un individu distinct du reste de la création et des autres hommes, avec d'un côté le bien et de l'autre le mal. Ceci est l'émergence pour l'homme d'une *vie dans la dualité.* Cette vie dans la dualité se traduit évidemment par le sentiment d'un regard des autres posé sur lui : alors « *ils connurent qu'ils étaient nus.* » (v.7)

Ceci nous dit que l'homme doit vivre et évoluer selon les lois de cette dualité qui est sa condition d'existence sur la terre, quelles qu'en soient les difficultés, comme le dit C.G. Jung : *« C'est seulement ici, dans la vie terrestre où se heurtent les contraires, que le niveau général de conscience peut s'élever. Cela semble être la tâche métaphysique de l'homme. »* Mais nous verrons que cette loi peut, non pas être anéantie, mais transfigurée.

Pourquoi cette transfiguration possible est-elle recherchée par l'homme et l'humanité ? Pourquoi, en quoi et comment devons-nous chercher à élever notre conscience au-delà de cette dualité pour vivre dans l'unité de la vie ? Djalâl al-Dîn Rûmî[17] a apporté un premier élément de réponse : « *Tout être qui est éloigné de sa source aspire à revenir vers elle.* » Or Ève nous dit au verset 1 du chapitre 4 que la source de tout homme, c'est l'Éternel lui-même, donc l'Unité.

---

[17] Poète mystique et sage du XIII<sup>e</sup> siècle en Turquie.

C'est la fin du chapitre 3 du Livre de la Genèse, toujours à propos du jardin d'Éden qui, complète la réponse à cette question. Il y a dans ce jardin un deuxième arbre qualifié d'*arbre de vie*, qui est justement *le symbole de la vie en Éternité*, comme le dit le verset 22. Mais Dieu chasse l'homme de l'Éden pour qu'il « *n'avance pas sa main, ne prenne aussi de cet arbre de vie, n'en mange et vive éternellement* » (v.22). Ceci nous fait nous poser une autre question : *qu'est-ce que l'homme pour qu'il ne puisse avoir accès spontanément à cet arbre de vie et en manger pour connaître l'Éternité ?* Que doit-il entreprendre pour accéder à cet arbre *?* Quel obstacle rencontre-t-il dans sa vie qui l'empêche de l'atteindre et d'en prendre les fruits, voire qu'il s'égare hors du chemin qui y conduit ? Avant d'y répondre remarquons que le texte ne dit pas que le chemin conduisant à l'arbre de vie, donc à la vie éternelle, lui soit définitivement fermé ; il dit simplement qu'il est « *gardé par des chérubins qui agitent une épée flamboyante* » (ch.3, v.24). Nous verrons ultérieurement ce que cela signifie.

Auparavant, il nous faut d'abord comprendre ce qu'est cette vie en Éternité. Les textes sacrés nous disent que c'est une dimension bien souvent cachée de la vie sur la terre car elle est à découvrir au-dedans de soi. L'Évangile de Jean en donne une définition très claire : « *la vie éternelle, c'est qu'ils te connaissent, toi, le seul vrai Dieu* »[18]. Il s'agit donc bien d'une connaissance de Dieu et non pas d'une possible vie seulement après la mort comme le disent bien des religions. Mâ Sûryânanda Lakshmî sait bien nous faire sentir ce qu'elle est : « *La vie éternelle est l'identité entre la création et l'Absolu, entre la conscience individuelle incarnée et l'Âme ineffable d'où toutes choses procèdent. [...] Le visage*

---

[18] Jean 17:3.

*réel de l'Éternité est la béatitude de la connaissance et de l'amour dans la vie qui les illumine de sa sainteté.* » Un grand sage contemporain en Inde, Swâmi Râmdas[19], exprime cela de manière concrète qui rejoint ce que disent à la fois Jean et Mâ Sûryânanda Lakshmî : « *La vie éternelle c'est la conscience d'être impersonnel bien davantage qu'une personne individuelle.* » Cette vie éternelle c'est donc la connaissance de l'unité de toute chose en Dieu, de l'unité de la vie qui est la manifestation de l'amour divin. En connaissant l'Éternel l'homme peut connaître la vie *en Éternité* dès ici-bas, et pas seulement ou forcément après la mort.

Telle est l'aspiration de l'homme au plus intime de lui-même et qu'il doit s'efforcer d'accomplir ici-bas : sa « *tâche métaphysique* » comme le dit C.G. Jung, ou son « *destin surnaturel* » selon Saint Augustin. « *La vocation de l'homme est de trouver Dieu* » disait également Mâ Ananda Moyî[20], ou encore dans ce même registre enseigné en Occident par Mâ Sûryânanda Lakshmî : « *Nous sommes nés sur la terre pour monter à Dieu.* »

Notre façon ordinaire et dualiste de vivre sur la terre est liée à la naissance et à la mort, donc à un commencement et une fin, ce qui peut paraître contradictoire avec l'idée d'une vie en Éternité. C'est donc au-delà de notre manière habituelle de comprendre et de vivre – là où se heurtent les contraires – que la réponse doit être cherchée pour connaître un jour cette vie en Éternité, cette Lumière de l'Esprit. Si nous considérons que la Bible est toujours et de façon permanente un guide aidant l'homme à progresser vers cette vie en Éternité, il devient logique de chercher une

---

[19] Grand sage hindou (1884-1963).
[20] Grande sage hindoue (1896-1982).

réponse justement après ce passage du jardin d'Éden. Elle se trouve, bien naturellement immédiatement après, soit au début du chapitre 4 du Livre de la Genèse dans le récit de l'aventure de Caïn et Abel.

Ainsi le Livre de la Genèse, après avoir dans le chapitre 3 révélé à l'homme un premier aspect de sa nature profonde qui, rappelons-le, passe par la nécessaire naissance à sa conscience de la dualité, va poursuivre son enseignement puis l'approfondir dans le chapitre 4 en lui révélant quel doit être son cheminement intérieur pour dépasser cette dualité, et par là devenir gardien de ses frères, conformément à sa vocation dans la vie.

# Livre de la Genèse,
## chapitre 4, versets 1 à 16

### Présentation synoptique de deux traductions à partir de l'hébreu

Le récit est reproduit ci-après dans deux traductions françaises qui se complètent et s'enrichissent mutuellement.

Parmi toutes les traductions existantes ce choix n'est pas anodin car elles sont relativement contrastées : celle de Louis Segond (noté LS lors de l'analyse des versets) est dans un français clair et fluide alors que celle de André Chouraqui (noté AC lors de l'analyse des versets) peut parfois dérouter ou heurter le lecteur par sa liberté sur le plan formel et grammatical. Mais celle-ci présente un autre avantage, qui est celui de coller au plus près au texte hébraïque.

Les noms du Divin sont également présentés différemment. Dans sa traduction, A. Chouraqui retranscrit littéralement avec les quatre lettres du nom hébreu « IHVH » avec en superposition graphique le nom « Adonaï », car « IHVH » est considéré par les juifs comme ineffable. Ce graphisme particulier, propre à cet auteur, n'est pas reproduit ici et nous écrirons simplement « IHVH » qui, selon sa translitération habituelle, est prononcé : « Yahweh » ou « Yéhovah ». Louis Segond utilise le terme « l'Éternel » qui évoque de manière remarquable le sens spirituel de « IHVH ». Ceci sera expliqué plus en détail dans l'annexe III.

Ces deux traductions sont reproduites ici dans une composition qui recrée, par des retours à la ligne, les principales pauses notées dans le texte hébreu lui-même, ce qui facilite sa compréhension. Lorsque certains mots et versets ne trouvent aucun écho dans au moins l'une des deux versions présentées, ils ont été notés en italique.

Cette présentation est organisée en quatre paragraphes auxquels nous avons adjoint un titre qui met en évidence le thème que nous y avons décelé. Ces thèmes accompagneront notre lecture tout au long de ce récit et constituent pour nous aujourd'hui des jalons pour mieux comprendre la vie de l'homme et de l'humanité en marche vers sa destinée spirituelle.

# Bible Louis Segond révisée 1910

## Une seconde genèse

1 *Adam* connut Ève, sa femme ;

Elle conçut et enfanta Caïn et elle dit : j'ai formé un homme avec l'aide de l'Éternel.

2 Elle enfanta encore son frère Abel.

Abel fut berger et Caïn fut laboureur.

## Le faux pas ou l'erreur d'appréciation des hommes

3 Au bout de quelque temps,

Caïn fit à l'Éternel une offrande des fruits de la terre ;

4 Et Abel, de son côté, en fit une des premiers-nés de son troupeau et de leur graisse.

L'Éternel porta un regard favorable sur Abel et sur son offrande ;

5 Mais il ne porta pas un regard favorable sur Caïn et sur son offrande.

Caïn fut très irrité et son visage fut abattu.

6 Et l'Éternel dit à Caïn :

Pourquoi es-tu irrité, et pourquoi ton visage est-il abattu ?

*7 Certainement, si tu agis bien tu relèveras ton visage, et si tu agis mal le péché se couche à ta porte,*

Et ses désirs se portent vers toi : mais toi domine sur lui.

8 Cependant, Caïn adressa la parole à son frère Abel ;

Mais comme ils étaient dans les champs, Caïn se jeta sur son frère Abel et le tua.

## L'enseignement divin subséquent à cette erreur

9 L'Éternel dit à Caïn : Où est ton frère Abel ?

Il répondit : Je ne sais pas ; suis-je le gardien de mon frère ?

10 Et Dieu dit : Qu'as-tu fait ?

La voix du sang de ton frère crie de la terre jusqu'à moi.

11 Maintenant tu seras maudit

De la terre qui a ouvert sa bouche pour recevoir de ta main le sang de ton frère.

12 Quand tu cultiveras le sol, il ne te donnera plus sa richesse.

Tu seras errant et vagabond sur la terre.

13 Caïn dit à l'Éternel :

Mon *châtiment* est trop grand pour être supporté.

*14 Voici, tu me chasses aujourd'hui de cette terre ; je serai caché loin de ta face.*

Je serai errant et vagabond sur la terre, et quiconque me trouvera me tuera.

## La rédemption fait partie du chemin

15 L'Éternel lui dit : Si quelqu'un tuait Caïn, Caïn serait vengé sept fois.

*Et l'Éternel mit un signe sur Caïn pour que quiconque le trouverait ne le tuât point.*

16 Puis Caïn s'éloigna de la face de l'Éternel

Et habita dans la terre de Nod à l'orient de l'Éden.

# Bible André Chouraqui

## Une seconde genèse

1 *Adâm* pénètre Hava, sa femme.

Enceinte, elle enfante Caïn. Elle dit : J'ai acquis un homme avec IHVH.

2 Elle ajoute à enfanter son frère, Hèbèl.

Et c'est Hèbèl un pâtre d'ovins. Caïn était un serviteur de la glèbe.

## Le faux pas ou l'erreur d'appréciation des hommes

3 Et c'est au terme des jours,

Caïn fait venir des fruits de la glèbe en offrande à IHVH.

4 Hèbèl a fait venir, lui aussi, des aînés de ses ovins et leur graisse.

IHVH considère Hèbèl et son offrande.

5 Caïn et son offrande il ne les considère pas.

Cela brûle beaucoup Caïn, ses faces tombent.

6 IHVH dit à Caïn :

Pourquoi cela te brûle-t-il, pourquoi tes faces sont-elles tombées ?

*7 N'est-ce pas que tu t'améliores à porter ou que tu ne t'améliores pas, à l'ouverture la faute est tapie ;*

À toi, sa passion. Toi gouverne-la.

8 Caïn dit à Hèbèl son frère ...

Et quand ils sont au champ, Caïn se lève contre Hèbèl, son frère, et le tue.

## L'enseignement divin subséquent à cette erreur

9 IHVH dit à Caïn : Où est ton frère Hèbèl ?

Il dit : Je ne sais pas. Suis-je le gardien de mon frère, moi-même ?

10 Il dit : Qu'as-tu fait ?

La voix des sangs de ton frère clame vers moi de la glèbe.

11 Maintenant tu es honni,

Plus que la glèbe dont la bouche a béé pour prendre les sangs de ton frère de ta main.

12 Oui tu serviras la glèbe : elle n'ajoutera pas à te donner sa force.

Tu seras sur la terre mouvant, errant.

13 Caïn dit à IHVH :

Mon *tort* est trop grand pour être porté.

*14 Voici, aujourd'hui tu m'as expulsé sur les faces de la glèbe. Je me voilerai faces à toi.*

Je serai mouvant, errant sur la terre : et c'est qui me trouvera me tuera.

## La rédemption fait partie du chemin

15 IHVH lui dit : Ainsi, tout tueur de Caïn subira sept fois vengeance.

*IHVH met un signe à Caïn pour que tous ceux qui le trouvent ne le frappent pas.*

16 Caïn sort faces à IHVH

Et demeure en terre de Nod au levant de l'Éden.

# Une seconde genèse
# (v. 1-2)

Ces deux premiers versets méritent une attention particulière car de la compréhension que nous en aurons dépendra aussi la vision que nous aurons de l'ensemble du récit.

v. 1-a
LS : *Adam connut Ève, sa femme ;*
AC : *Adâm pénètre Hava, sa femme.*

Le nom des personnages dans la Bible désigne toujours la qualité de celui qui le porte ou la qualité qu'il incarne, qu'il personnifie, car *« pour les Sémites le nom est identique à la réalité qu'il désigne »*[21]. Souvenons-nous de cela tout au long du récit.

On a souvent traduit ce premier verset comme s'il s'agissait de deux individus prénommés Adam et Ève. En fait, le verset en

---

[21] André Chouraqui. *Le Coran. L'Appel*, « note sur la Sourate 1 », Robert Laffont, 1990.

hébreu commence par le mot « adam » précédé d'un article הָאָדָם : soit *l'adam*. Il s'agit alors, non pas d'un nom propre désignant un individu, mais d'un nom commun signifiant « l'homme »[22] au sens générique, c'est-à-dire « l'être humain ». Parfois le texte hébreu met au pluriel le verbe dont il est le sujet (par exemple en Genèse 1:26), ce qui nous indique que « adam » peut aussi servir de nom collectif et qu'il serait alors possible de le traduire par « *l'humanité* ». De son côté le nom « Ève », ou « Ḥava » (חַוָּה) « *sa femme* », est identique à celui de sa racine (חָוָה) qui exprime *la vie* ; elle est donc *la vie* ou *la vivante*.

Ainsi ce texte nous dit qu'il s'agit, non pas de deux personnes mises dans une situation particulière à une époque donnée, mais de l'être humain dans sa nature profonde, intime et essentielle.

Notons également que dès le début du récit les deux traductions citées se différencient par le fait qu'elles utilisent (et vont ensuite utiliser) deux temps de conjugaison différents : passé et présent. Du strict point de vue grammatical par rapport à l'hébreu les deux sont a priori valables mais à condition de comprendre que « *le temps de l'action, qui est l'essentiel pour l'Occidental, n'a pour l'hébreu qu'une importance secondaire et n'est d'ailleurs jamais explicite. [...] Pour les Hébreux la date d'un événement ne ressort jamais que de sa nature et de son caractère : la conception de la durée est globale et concrète. [...] Nulle part mieux que chez eux il n'est inévitable de voir toute chose en Dieu. Le passé et le futur se rencontrent dans la totalité du réel, dont ils naissent, où ils se confondent et dans une certaine mesure s'effacent dans la transcendance qui les fonde.* »[23]

---

[22] Quelques bibles, dont la TOB, le traduisent ainsi.

[23] André Chouraqui, op. cit. p. 170.

Alors comment rendre compte en français de ce premier verset : au passé ou au présent ? Nous savons qu'en général l'emploi d'un verbe au passé a tendance à nous renvoyer aux horizons de l'histoire alors que le présent rend les événements et les faits rapportés palpablement présents et vivants en nous. Malheureusement, nous avons trop souvent fait de la Bible un livre d'histoire, ce qu'elle n'est pas, et notre texte qui n'est justement pas inscrit dans l'histoire mérite l'utilisation du présent, comme le fera A. Chouraqui[24]. Dès lors nous voyons dès le départ que ce texte s'adresse – ici et maintenant – à tous les hommes, non pas pour leur raconter une histoire du passé, mais pour les instruire sur leur propre démarche dans la vie.

*L'adam connaît/pénètre Ève sa femme.*

Le verbe utilisé יָדַע (*yada*) a plusieurs sens : « connaître, pénétrer, faire l'expérience de, comprendre, prendre en considération ». Dans la Genèse, ce verbe est souvent traduit par « connaître » et c'est une sagesse de le traduire ainsi. « Faire l'expérience de », c'est connaître intimement, faire corps avec ce que l'on est amené à rencontrer, ce qui engage l'homme dans toutes les dimensions de sa vie, et pas seulement sur le plan intellectuel.

Le verbe « pénétrer » employé par A. Chouraqui a, selon les dictionnaires, deux sens : concret et abstrait. Le sens concret est évident et il n'est pas nécessaire d'en dire plus. Le sens abstrait signifie : « connaître, comprendre, approfondir, réfléchir, parvenir à deviner, à découvrir les idées, les sentiments de quelqu'un ». C'est dans son sens abstrait que cet auteur emploie ce verbe, car dans le glossaire de sa Bible il précise qu'il est équivalent à *connaître*.

---

[24] La traduction en anglais de 1862 par Robert Young utilise également le présent.

Cependant il ne faut pas voir entre ces deux sens ni opposition ni contradiction, car « *dans la Bible la vie concrète est constamment mêlée à la vie de l'Esprit. Elles sont Une. La vie concrète et la vie de l'Esprit marchent ensemble, la main dans la main, se soutenant l'une l'autre.* »[25] Mais reconnaissons qu'en rester uniquement au sens concret ne nous apporte pas grand-chose alors que la Bible est justement là pour nous apporter quelque chose sur le plan de l'Esprit. Aussi, il faut le prendre dans son sens global qui nous enseigne que nous devons connaître, comprendre, pénétrer et aimer cette vie qui est en nous-même, comme l'a dit l'adam dans le récit de la création, « *celle qui est os de mes os et chair de ma chair* » (Ge 2:23).

Par cette pénétration l'homme devient fécond sur tous les plans de l'existence et cette fécondité se manifestera concrètement, comme toujours dans la Bible, par un enfantement terrestre. Mais souvenons-nous que « *son sens immédiat, son aspect terrestre n'est qu'un faible degré de sa plénitude et non le plus important.* »[26]

Il est regrettable que les traductions les plus récentes, telles la TOB révisée, la Segond 21, la Bible liturgique, sans doute influencées par la pensée dominante de notre siècle, aient d'abord vu dans ce verset le sens d'une relation sexuelle entre un homme et une femme, en le traduisant par exemple « *l'homme eut une relation conjugale avec sa femme* ». De telles traductions restreignent sa signification et ferment la porte à tous ceux qui souhaiteraient élever ce récit vers une compréhension plus vaste et donc plus spirituelle.

---

[25] Mâ Sûryânanda Lakshmî, *L'Apocalypse de Jean*, Ed. Noutte Genton-Sunier, 2016, p.27.

[26] Mâ Sûryânanda Lakshmî, op.cit., p. 9.

v. 1-b et 2-a

LS : *Elle conçut et enfanta Caïn et elle dit : j'ai formé un homme avec l'aide de l'Éternel.*

*Elle enfanta encore son frère Abel.*

AC : *Enceinte, elle enfante Caïn. Elle dit : J'ai acquis un homme avec IHVH.*

*Elle ajoute à enfanter son frère, Hèbèl.*


« *Enceinte, elle enfante Caïn* » : c'est la vie qui enfante la vie.


*J'ai acquis/formé un homme avec IHVH/l'Éternel.*

Ève la vivante perçoit que cette fécondation nouvelle vient avant tout de Dieu beaucoup plus que d'un homme. Autrement dit, elle voit au-delà du seul plan concret, au-delà de l'évidence matérielle, et perçoit que toute vie vient de Dieu. Par cette parole, Ève nous invite à considérer que dans la Bible tout enfantement peut être également vu, compris, comme une fécondité de l'Esprit. Ce sera plus explicitement le cas lors de la promesse faite par Dieu à Abraham de le « *multiplier à l'infini* »[27]. En effet, « *la postérité accordée par l'Éternel-Dieu est toujours spirituelle même si elle se manifeste par des formes, des êtres vivants dans le monde. Car l'incarnation n'a pas d'autre sens et point d'autre but que de révéler l'Éternel à la conscience de l'univers.* »[28]


C'est pourquoi il est possible d'aller plus loin dans la compréhension de cette parole d'Ève. Effectivement, Ève ne dit pas qu'elle a acquis un fils ou un enfant, comme nous le dirions en ne nous référant qu'à l'évidence matérielle, mais dit qu'elle a acquis un homme. Cet homme, est qualifié de mâle *(ish)* et non

---

[27] Genèse 17:2.

[28] Mâ Sûryânanda Lakshmî, op. cit. p. 115.

pas *adam*, marqué dans sa spécificité par rapport à la femme (*isha*). Cette acquisition avec l'aide de l'Éternel représente donc en l'être humain une force et une maturité plus grande, c'est-à-dire une connaissance de soi et une connaissance plus approfondie de la vie.

*Elle ajoute à enfanter son frère, Hèbèl.*

Le sens du verbe utilisé יסף (*yasaf*) est très bien rendu par A. Chouraqui car il veut dire « continuer à » ou « ajouter ». Le texte ne dit pas clairement s'ils sont jumeaux ou non comme ce sera dit pour Ésaü et Jacob (Ge. 25:24). Toutefois ce verbe *yasaf* contient en filigrane cette notion de gémellité et la tournure du verset est en faveur de cela puisqu'elle met en premier le mot « frère » avant de préciser qu'il se nomme Abel. La poésie du texte nous invite également à adhérer à cette idée puisqu'en seulement seize versets ce qualificatif de « frère de » apparaît sept fois.

On voit alors très bien que Caïn n'est pas un individu pouvant se suffire à lui-même, autre chose doit lui être ajouté. Il situe également Abel dans la continuité par rapport à Caïn et son unité avec lui. Il apparaît comme la suite naturelle de Caïn comme s'il n'était pas possible qu'il vienne sans lui et comme si Caïn ne pouvait être pleinement sans son frère. Ils sont inséparables et ceci sera confirmé plus loin dans l'allégorie puisque la disparition d'Abel aura des conséquences fâcheuses pour Caïn, et cela non pas au sens moral mais au sens ontologique. Il s'agit alors non pas de deux enfants nés indépendamment l'un de l'autre, mais d'un enfantement unique avec deux aspects différents et formant un tout. Ensemble, ne représentent-ils pas l'être humain dans son unité et sa totalité ?

v. 2-b
LS : *Abel fut berger et Caïn fut laboureur.*
AC : *Et c'est Hèbèl un pâtre d'ovins. Caïn était un serviteur de la glèbe.*

Cet enfantement nous amène à la question : que sont en nous Caïn et Abel ? Si nous nous plaçons résolument dans une attitude d'écoute du texte, nous pouvons voir que non seulement leur nom hébreu nous éclaire, mais aussi que leur activité n'est pas mise là comme un décor dans lequel se joue cette scène. Ces éléments nous donnent une indication profonde sur ce qu'ils sont.

La psychologie actuelle reconnaît qu'il y a en l'homme une multitude de niveaux de conscience. La sagesse millénaire de l'Inde le savait également et c'est là qu'elle va grandement nous aider. Elle a identifié sept plans principaux de conscience, qui sont représentés dans notre structure corporelle par ce que l'on nomme les sept *chakras*. Résumons ces sept plans qui sont présentés en détail dans l'annexe II :
- les deux premiers sont ceux du visible : le physique et le vital
- le troisième, le mental, est le propre de l'homme : il est le siège de la différenciation donc par essence dualiste ;
- les quatre autres sont ceux de l'invisible : les plans spirituels.

Swâmi Vivekânenda[29], un grand philosophe de l'Inde, les présente de la manière suivante pour qu'ils soient plus compréhensibles pour nous occidentaux : « *Il y a en nous l'instinct que nous avons en commun avec les animaux, c'est un mouvement réflexe mécanique du corps. Il y a aussi une forme plus élevée de*

---

[29] Disciple de Râmakrishna (1863-1902). Dans une conférence à Londres.

*direction que nous appelons la raison quand l'intelligence constate des faits et les généralise. Il y a une forme encore plus haute de connaissance que nous appelons l'inspiration (ou intuition), qui ne raisonne pas mais connaît toute chose par éclairs. C'est la forme la plus haute de connaissance, mais qui ne doit jamais contredire la raison. »*[30] Soulignons que les premiers plans de conscience ne sont pas inférieurs au sens de la valeur ou d'une quelconque hiérarchie, mais au sens où, comme dans un bâtiment, il y a une succession de niveaux, une base et des élévations, qui finissent par former un tout harmonieux.

Le nom de Caïn, d'après son étymologie, exprime *la possession* car il vient d'une racine קנה (*qanah*) signifiant : *posséder, acquérir*. Par ailleurs son activité est d'être *laboureur ou serviteur de la glèbe*. Ici le verbe utilisé pour cette activité signifie bien plus que le simple fait d'être un agriculteur car sa racine עבד (*'avad*) veut dire non seulement « travailler » mais également « servir ». *Qu'est-ce que Caïn doit servir ?*

Non loin après la présentation de cette activité, soit au verset 17 du même chapitre, nous retrouvons Caïn en train de *bâtir une ville*. Mais serait-il plus un laboureur qu'un bâtisseur de ville ou l'inverse ? Cette apparente contradiction ne naît que parce que nous considérons les choses comme des évènements extérieurs à nous-même, mais si nous les intériorisons et dépersonnalisons le texte, cette contradiction disparaît. Ces activités représentent des éléments intérieurs de l'homme qui sont naturellement en œuvre sur la terre, conformément à sa vocation de serviteur de la vie.

---

[30] Dans *Les Yogas pratiques*, Albin Michel, coll. « Spiritualités vivantes », p. 213

Ces éléments, que représente Caïn, ce sont ceux qui doivent s'occuper des aspects matériels et vitaux propres à toute vie ici-bas. Ce que Caïn doit servir, c'est donc *la vie manifestée*. Effectivement la vie de l'homme sur la terre requiert cette activité et ce service sous quelque forme que ce soit. Vivre sur la terre, c'est agir, et cela à tous les stades de notre existence de la conception à la mort, ainsi que le dit Swâmi Râmdas : « *Le travail est la forme naturelle de la vie, parce que la vie elle-même est activité.* »[31]

Ainsi Caïn est en nous les plans de conscience du visible : *les plans physique, vital et mental*. Tous ces plans sont caractéristiques de toute vie sur la terre et sans eux, la vie n'apparaîtrait pas, ni ne pourrait se maintenir. Il en est ainsi pour les plantes qui doivent d'abord grandir puis donner une fleur puis une graine ou un fruit, et de même pour les animaux qui doivent croître, chercher leur nourriture, puis transmettre à leur tour la vie. Il faut souligner ici que le mental (l'intellect) est le propre de l'homme et que « *le mental c'est la perception des sens et l'intelligence relative des dualités. Dans ce sens il fait aussi partie du visible au même titre que le physique et le vital.* »[32]

Au début du Livre de la Genèse (2,19) Dieu a bien défini la nature et la fonction de cet intellect, ce mental : « *L'Éternel Dieu forma de la terre tous les animaux des champs, tous les oiseaux du ciel, et les fit venir vers l'homme pour voir comment il les appellerait afin que tout être vivant portât le nom que l'homme lui donnerait.* » Le rôle de cet intellect est, entre autres, de décrire et rendre compte de la diversité de toute la vie autour de lui. De par sa nature il classe, distingue et divise. Ce mental est donc dualiste par essence ; par exemple différencier le blanc/le noir, l'agréable/le désagréable, le bien/le mal, le visible/l'invisible, etc…

---

[31] *Présence de Râm*, Albin Michel, 1997, p. 69.

[32] Mâ Sûryânanda Lakshmî, *Exégèse spirituelle de la Bible*, op. cit.

Mais l'Être ne saurait être divisé en parties car toute division entraîne la mort, ce qui est vrai pour les individus comme pour les sociétés.

Il est important de voir que par ces trois plans l'homme partage avec les autres éléments de la création les principes *d'existence, de vie et d'intelligence*. S'il en prenait vraiment conscience il les respecterait sans doute mieux. Ceci ne fut pas seulement vrai il y a quelques millénaires mais reste toujours actuel et vient en soutien de l'émergence d'une conscience écologique.

Si Caïn vient en premier c'est qu'il représente les fondations mêmes, le socle, de cette vie manifestée sur la terre et que sans lui elle ne serait pas. Alors Abel ne pourrait être non plus, car « *l'action est la base aussi bien que le couronnement de toutes les manifestations de la vie.* »[33]

De son côté le nom de Abel (הֶבֶל) signifie « *souffle* » ou « *nuée, buée* », ou encore « *ce qui est sans consistance matérielle* ». Le souffle évoque en premier lieu la vie. La nuée/buée paraît au premier abord immatérielle, impalpable, insaisissable et ne se perçoit que par ses conséquences concrètes, par exemple la rosée du matin. Dans l'Ancien Testament la *nuée* est fréquemment évoquée puisqu'elle apparaît dans 66 versets. Elle est toujours le signe d'une présence de *l'Esprit,* donc d'une alliance entre les hommes et l'Éternel ce que Saint Jean de la Croix a souligné : « *Toutes les fois que Dieu a fait des apparitions solennelles, il s'est montré dans la nuée.* »[34]

---

[33] Swâmi Râmdas, op. cit. p. 74.

[34] *La Montée du Carmel*, Seuil, p. 133.

Nous voyons en outre que l'activité d'Abel est d'être un *berger/pâtre*. Il est celui qui conduit le troupeau, le nourrit, le garde et prend soin de lui. Cette référence au berger en tant que gardien et guide apparaît dans 29 versets de la Bible, tant dans l'Ancien Testament (par exemple au psaume XXIII), ainsi que dans le Nouveau Testament (par exemple Jean 10:11).

Abel représente en nous ce qui ne se voit pas, ce qui demeure impalpable comme un souffle, mais est essentiel à l'existence et à l'accomplissement de l'homme, tout aussi essentiel que le berger pour la vie de son troupeau. Sans le berger, le troupeau ne serait pas ; ainsi sans Abel l'homme également ne serait pas. Il est l'expression des différents plans spirituels, c'est-à-dire l'invisible en nous ou, autrement dit, *l'âme et l'Esprit* en l'homme. Par ces plans de l'invisible, l'homme a en lui les principes de *la connaissance, de la sagesse et de l'amour*. Son rôle spécifique dans la création – sa tâche métaphysique – est de les faire grandir et ne pas les tuer, ce qu'il a beaucoup de mal à accomplir comme la suite du récit va le montrer.

Caïn et Abel représentent ensemble tous les plans de la conscience et de la vie. Ils sont la vie conçue par Dieu en l'homme et par l'homme pour se recréer à la fois dans sa forme terrestre et dans son Esprit. Le rôle de l'homme est de la faire évoluer pour monter vers ce que Saint Augustin définit comme son « *destin surnaturel* ». Leur enfantement inaugure en même temps le *départ* et la *marche* que l'homme doit entreprendre en vue de cette montée en lui-même et dans le monde. Il est une *seconde genèse* pour l'éveil de sa conscience à sa Vérité.

Cette genèse, beaucoup plus que d'être un moment historique, signifie, selon sa racine hébraïque *berechit* בְּרֵאשִׁית, « dans un

commencement » (plutôt que « *au* » commencement). Elle exprime par là un commencement éternel et toujours nouveau par
lequel l'homme a la capacité de *pénétrer le mystère de la vie.*

Il est de notre nature de vivre ce commencement et ce chemin
vers Dieu. Mais sur celui-ci nous rencontrons un obstacle majeur,
matrice unique de tous les autres obstacles que nous pouvons à
l'occasion rencontrer. C'est précisément le mérite de l'allégorie
de Caïn et Abel de bien nous faire sentir la consistance de  cet
obstacle afin que nous puissions un jour le dépasser. Ce sont
souvent les tribulations de la vie qui nous amènent à en prendre
conscience, comme la suite du récit va justement le montrer.

# Le faux pas
## ou l'erreur d'appréciation des hommes
### (v. 3 à 8)

v. 3 et 4-a

LS : *Au bout de quelque temps,*

*Caïn fit à l'Éternel une offrande des fruits de la terre ;*

*Et Abel, de son côté, en fit une des premiers-nés de son troupeau et de leur graisse.*

AC : *Et c'est au terme des jours,*

*Caïn fait venir des fruits de la glèbe en offrande à IHVH.*

*Hèbèl a fait venir, lui aussi, des aînés de ses ovins et leur graisse.*

*« Au bout de quelque temps » / « au terme des jours »* :

Caïn et Abel doivent d'abord croître et se fortifier selon la loi de la vie, qui est la loi de la Création, avant de pouvoir faire une *offrande*. Ce *terme des jours* il n'est pas dit quel il est, ce qui laisse supposer qu'il n'est pas quantifiable, ni forcément temporel. Ce *terme des jours* indique simplement qu'il s'agit d'une étape dans leur vie, étape qui sera justement marquée par l'offrande qu'ils vont faire à l'Éternel.

Chacun *fait une offrande… /fait venir…*
Le verbe hébreu utilisé ici signifie *« faire venir, amener, apporter, récolter »*. Chaque plan en nous offre à l'Éternel ce qui le caractérise et ce qu'il est capable de faire venir et récolter du fond de lui-même et de sa vie : pour Caïn les produits de la terre, pour Abel ses animaux – les premiers-nés – avec leur graisse. Chacun offre tout simplement le fruit de son travail, ce qu'il a pu faire croître dans sa propre vie et dans le monde, donc en définitive ce qu'il est devenu et a acquis tant à l'intérieur qu'à l'extérieur de lui-même. Ces éléments de l'offrande cor-respondent très exactement à ce que Caïn et Abel sont, de par leur nom et leurs activités qui viennent d'être vues.

Les deux offrandes sont différentes mais il faut bien remar-quer que rien dans le texte ne permet de penser qu'une offrande ait plus de valeur intrinsèque ou soit meilleure que l'autre, comme la plupart des commentateurs l'ont prétendu. Même si apparemment ces offrandes paraissent hiérarchisées, en réalité elles ne le sont pas. Ces deux offrandes sont l'exact *reflet des différents plans de conscience* que l'homme est en lui-même et qu'il peut offrir à l'Éternel. L'homme ne peut offrir à Dieu que ce qu'il est.

Les *fruits de la terre* qu'offre Caïn sont ce que les plans phy-sique, vital et mental, peuvent faire naître et croître matérielle-ment dans le monde. Ils sont la caractéristique première de ces plans. C'est naturellement l'offrande que peut faire Caïn, car il ne peut offrir autre chose.

L'offrande d'Abel a plusieurs significations : traditionnellement dans la Bible, *l'agneau* symbolise la soumission à la volonté de Dieu, mais elle peut aussi exprimer la douceur. Nous retrouvons là les plans spirituels. Les premiers-nés du troupeau, ce sont aussi les *aînés*, donc ils sont la marque d'une *maturité* de l'homme qui lui a permis de dépasser son attachement aux premiers plans (Caïn). La graisse est le signe d'une richesse spirituelle et d'une pérennité[35] que l'homme doit également offrir à l'Éternel car il ne doit pas la garder pour lui-même. Mais pour qu'Abel puisse offrir ces éléments il est nécessaire qu'il en ait eu la maîtrise et c'est pour cela qu'il vient après Caïn.

Ainsi ce passage confirme l'analyse faite pour le verset 2. Il n'évoque pas deux individus, dont l'un serait bon et l'autre mauvais, mais décrit très exactement la nature de l'homme dans sa vérité, à la fois concrète et spirituelle, avec sa mission sur la terre.

Remarquons que Caïn et Abel agissent chacun de leur côté, mais il s'avère que Caïn agit en premier. Déjà pointe ici une première erreur des hommes : les différents plans de vie ne sont pas unis dans ce moment d'offrande, ce qui n'est vraisemblablement pas juste aux yeux de l'Éternel. Il s'agit là d'une erreur universelle, que dénoncent Ésaïe et Jésus : « *Quand ce peuple s'avance, de sa bouche et de ses lèvres il me glorifie, mais son cœur est loin de moi.* »[36]

---

[35] Car seuls les animaux bien gras pouvaient survivre dans les conditions rudes de cette époque.

[36] Ésaïe 29:13 et Matthieu 15:8

v. 4-b et v. 5-a

LS : *L'Éternel porta un regard favorable sur Abel et sur son offrande ;*

*Mais il ne porta pas un regard favorable sur Caïn et sur son offrande.*

AC : *IHVH considère Hèbèl et son offrande.*

*Caïn et son offrande il ne les considère pas.*

Une lecture trop rapide de la traduction de L. Segond – par ailleurs similaire dans de nombreuses autres bibles – pourrait nous induire en erreur sur le sens de ce verset et nous faire croire que Dieu porta un regard favorable sur Abel et son offrande et un regard défavorable sur Caïn et son offrande. Mais l'hébreu ne dit pas cela. Le verbe utilisé ici, et repris par A. Chouraqui, signifie tout simplement *« regarder, considérer »*, et rien n'y est ajouté. Il signifie donc qu'il n'y a de la part de l'Éternel aucun jugement **favorable** ou **défavorable selon la nature** et **la qualité apparente des** offrandes. Comprendre ce verset avec cette idée d'un jugement de l'Éternel en fonction du type d'offrande, comme cela est fait habituellement, c'est tomber dans l'anthropomorphisme.[37]

En réalité, dans sa vie de tous les jours, que sait l'homme du regard de l'Éternel ? Rien ou bien peu de choses, même s'il s'imagine savoir ceci ou cela ; mais son imagination le trompe si facilement ! Aussi, plutôt que d'imaginer que notre offrande est accueillie favorablement ou non, nous pouvons voir que ce verset reflète la vie telle qu'elle est. Nous vivons tous des moments qui nous apparaissent propices ou favorables et d'autres qui le semblent moins, des moments où tout semble réussir et ceux où rien ne va, des printemps qui nous offrent une abondante floraison

---

[37] Voltaire avait bien compris cela en disant : « *Dieu a fait l'homme à son image et ce dernier le lui a bien rendu !* »

et des hivers où la vie est comme arrêtée. Notre propre projection mentale sur le vécu de ces moments peut nous faire croire que Dieu porte un regard favorable ou défavorable sur ces moments de notre vie. Mais, puisqu'il s'agit de la parole de Dieu, il nous faut comprendre au-delà.

L'homme ramène trop souvent la compréhension qu'il a de l'Éternel à sa propre vision de la vie, comme l'enseigne Mâ Sûryânanda Lakshmî : « *L'erreur des hommes est de tout ramener à la notion de personne autonome, distincte des autres. Alors tout ce qui est plus grand que la personne, plus vaste dans le temps comme dans l'espace, devient extérieur à elle. Et Dieu n'est plus compréhensible autrement que telle une personne démesurée et largement imperméable, impénétrable.* »[38] Même si, comme le dit Maïmonide[39], « *la Bible utilise le langage des hommes* », ceux-ci doivent toujours être attentifs à se défaire d'une vision anthropomorphique de Dieu. Ésaïe, parlant au nom de l'Éternel, avait bien mis en garde l'homme contre ce risque d'erreur, mais l'homme l'oublie sans cesse : « *Mes desseins ne sont pas vos desseins, et vos voies ne sont pas mes voies, dit l'Éternel. Oui, les cieux sont plus hauts que la terre, ainsi mes voies sont plus hautes que vos voies, mes desseins que vos desseins.* »[40]

Le plan mental de l'homme est impuissant à connaître ces voies divines car il est dualiste alors que Dieu est Un. Cette unité divine, malgré tous ses différents aspects sur la terre, est affirmée tant dans

---

[38] *Journal Spirituel,* La Baconnière, 1978, p. 110.

[39] Philosophe, théologien et médecin juif (1138-1204). Il s'opposa à la tendance d'avoir une vision anthropomorphique de Dieu.

[40] Ésaïe 55:8-9. Dans cette citation on peut remplacer le terme « desseins » par « pensées », à la convenance de chacun.

le Nouveau Testament que dans l'Ancien Testament. Dans ce dernier, elle est clairement exprimée dans le Deutéronome, dans un verset très connu (ch. 6 v. 4) et profession de foi de tout juif croyant. Mais ce verset est bien souvent mal traduit et par conséquent incompris ; il sera examiné en détail dans l'annexe III.

Tant la sagesse de l'Inde que plusieurs grands penseurs et mystiques en Occident ont bien souligné cette méconnaissance mentale de l'homme concernant la vérité divine :

– Swâmi Vivekânanda : *« Celui qui aime Dieu atteint un plan où la raison, pédante et impuissante, est dépassée de loin ; le tâtonnement intellectuel dans les ténèbres y fait place au grand jour de la perception directe. »*[41]

– Saint Jean de la Croix : *« Notre entendement, tant qu'il est dans la prison du corps, n'a ni disposition ni capacité pour recevoir la claire connaissance de Dieu. »*[42]

– Blaise Pascal : *« C'est le cœur qui sent Dieu, et non la raison. »*

– Benoîte Rencurel : *« Les connaissances que Dieu nous donne sont bien différentes des lumières de notre raison. »*[43]

Si ce plan mental ne peut comprendre cette Lumière qu'est la connaissance de l'Unité divine, il peut quand même s'émerveiller de quelque chose qu'il ne comprend pas, mais qui est beau, et à partir de là grandir vers la vastitude de la Vérité. L'ignorance de l'homme, quand elle est humble, n'est pas un mal en soi, mais quand elle est orgueilleuse, c'est là qu'est l'erreur. Toutefois il ne s'agit pas ici de dénigrer ce plan de notre raison car il a d'autres

---

[41] Dans *Les Yogas pratiques*, op.cit. p. 153.

[42] Saint Jean de la Croix, *La Montée du Carmel*, op. cit. p. 126.

[43] Manuscrits du Laus.

facultés nécessaires et indispensables pour l'homme, telles que permettre le développement de la vie avec des progrès considérables dans beaucoup de domaines pour toutes les civilisations. Il s'agit simplement de reconnaître et d'accepter ses limites dans le domaine spirituel. Mais entreprendre cette recherche de la Lumière divine en oubliant cela, donc le faire uniquement sur le plan intellectuel, tend à concevoir une relation entre Dieu et sa création de manière dualiste, et en conséquence, que la relation entre les hommes eux-mêmes l'est forcément.

C.G. Jung a expliqué cette difficulté de la vie des hommes : « *La première aberrance consiste à essayer de tout dominer par l'intellect. Elle vise un but secret, celui de se soustraire à l'efficacité des archétypes et ainsi à l'expérience réelle au bénéfice d'un monde conceptuel, apparemment sécurisé, mais artificiel et qui n'a que deux dimensions, monde conceptuel qui à l'aide de notions décrétées claires aimerait bien couvrir et enfouir toute la réalité de la vie. Le déplacement vers le conceptuel enlève à l'expérience sa substance pour l'attribuer à un simple nom qui, à partir de cet instant, se trouve mis à la place de la réalité. Une notion n'engage personne et c'est précisément cet agrément que l'on cherche parce qu'il promet de protéger de l'expérience. Or l'esprit ne vit pas par des concepts, mais par les faits et les réalités. Ce n'est pas par des paroles qu'on arrive à éloigner un chien du feu. Et pourtant on répète à l'infini ce procédé.* »[44]

Les rédacteurs des textes bibliques effectivement n'utilisent pas des concepts, mais mettent en scène des personnages confrontés à des situations et faits concrets. Ce sont bien souvent nos commentaires sur ces textes qui cherchent à *tout dominer par*

---

[44] Dans *Ma vie*, Gallimard, 1966.

*l'intellect*. N'est-ce pas la difficulté majeure de la théologie, et la cause de ses erreurs ?

Qu'est-ce que la qualité d'une offrande lorsqu'elle se rapporte à Dieu ? La Bhagavad-Gita[45] définit très bien ce qu'elle doit être : « *Celui qui M'offre avec dévotion une feuille, une fleur, un fruit, une coupe d'eau – cette offrande d'amour venue d'une âme qui s'efforce, M'est agréable.* » Ainsi la qualité d'une offrande à Dieu réside uniquement dans la dévotion du cœur et l'amour avec laquelle elle est faite. Lorsque cette offrande est agréable au Seigneur Il la considère sinon *Il ne la considère pas* ; Pour Lui *c'est comme s'il n'y avait pas d'offrande du tout.*

Le sens de l'offrande, c'est de donner, aussi faire offrande à Dieu, c'est donner ce que nous sommes, comme l'enseigne Mâ Sûryânanda Lakshmî : « *Vivre en Dieu, c'est déposer toutes choses à ses pieds et Lui en faire l'offrande.* » Et c'est pourquoi nous « *rencontrons véritablement Dieu quand nous venons à Lui avec nos offrandes, non avec nos besoins.* »[46] Faire une offrande à Dieu, c'est s'offrir à Lui en s'efforçant de renoncer à son « *moi individuel* », *son* ego, comme Jésus l'a enseigné : « *Si quelqu'un veut venir après moi, qu'il renonce à lui-même* » (Matt. 16:24).

C'est le grand problème du détachement et c'est celui de Caïn, comme le révèle son nom qui, rappelons-le, signifie acquérir, posséder. Tous les *attachements* que l'homme peut connaître se ramènent en définitive à celui seul de l'attachement à son « *moi individuel* » C'est cela *le péché fondamental de l'homme*, son erreur d'appréciation de la vie.

---

[45] Un texte très important dans le Vedanta (en 9-26).

[46] Au cours d'une conférence.

A cause de cette erreur la plupart des hommes éprouvent le besoin de poser cette question – pourquoi Dieu préfère-t-il l'offrande d'Abel ? – et de chercher une réponse selon leur niveau mental et dualiste.

Si nous intériorisons tous les éléments de ce récit et n'oublions pas que tout cela se passe en nous, rien ne permet de poser cette question. La poser, c'est oublier que « *pour comprendre l'Esprit de Dieu, la mentalité humaine doit se défaire de la notion de préférence qui est étrangère à la conscience spirituelle.* »[47] La Bible, à neuf reprises,[49] insiste pour nous instruire de cette vérité: « *L'Éternel, votre Dieu, [...] ne fait point acception des personnes* »[48]. Faire acception, ce serait accorder des préférences, des distinctions, ce qui n'est pas dans la parole et la volonté divine. De son côté la Bhagavad-Gita rappelle également que dans l'accueil de nos offrandes par Dieu il n'y a pas de préférence: « *Comme l'homme vient à moi ainsi je le reçois.* »

Ainsi la question posée est non seulement malvenue mais elle est aussi inutile car il n'est pas nécessaire de lui trouver une réponse pour saisir le sens de la suite du récit. Poser cette question, c'est ramener à l'homme ce qui concerne l'Éternel et c'est justement faire la même erreur d'appréciation que Caïn, comme nous allons le voir au verset suivant. Aussi les hommes doivent-ils faire l'effort d'être toujours attentifs à déceler cette erreur, ce qui hélas n'est pas toujours le cas et a conduit à tant de déformations dans la compréhension des textes sacrés.

---

[47] Mâ Sûryânanda Lakshmî, *Journal Spirituel*, op. cit. p. 92.

[48] Deut. 10:17.

[49] En particulier dans Actes 10:34 ainsi que dans plusieurs Épîtres (ex. Ro. 2:11, Ga. 2:6, Éph. 2:6, Col. 3:25, Jas. 2:9, Pi. 1:17).

v. 5-b

LS : *Caïn fut très irrité et son visage fut abattu.*
AC : *Cela brûle beaucoup Caïn, ses faces tombent.*

Ici nous rentrons dans le cœur des conséquences du faux pas ou de l'erreur d'appréciation toujours possible des hommes devant l'Éternel. Le texte hébreu, tout comme sa traduction par A. Chouraqui, utilise un vocabulaire ô combien imagé pour bien nous faire comprendre cela : son sentiment le « *brûle* » de l'intérieur et son visage est défait – « *ses faces tombent.* »

Caïn n'a pas vécu la situation selon la Vérité divine, il ne s'est pas élevé jusqu'aux *desseins de l'Éternel* et croit que Dieu a des préférences alors que nous venons de voir que ce n'était pas le cas. L'Éternel est dans tous les éléments de la vie terrestre, avec apparemment ses bons et ses mauvais côtés, mais en réalité tout est bien, comme le dit le récit de la Création : « *Dieu vit tout ce qu'il avait fait et voici, cela était très bon* »[50] (ou « *beau* »/« *bien* » selon les traductions). Mais juger l'Éternel comme le fait Caïn, et comme nous le faisons si souvent, est une preuve de son ignorance et de notre ignorance.

Ici la référence au Livre de Job s'impose car cette absence de jugement envers l'Éternel y est merveilleusement présentée. Alors que Job est dépouillé de tout et gravement malade, au lieu de discuter et de juger, il dit : « *L'Éternel a donné, et l'Éternel a ôté ; que le nom de l'Éternel soit béni !* », puis il répond à sa femme qui lui suggère de maudire Dieu : « *Tu parles comme une femme insensée. Quoi ! Nous accepterions de Dieu le bien, et*

---

[50] Gn. 1:31.

*nous n'accepterions pas aussi le mal ! »*[51]

De ce mal apparent, ou plutôt de cette sévérité de l'Éternel, Rabindranath Tagore dans un de ses poèmes le décrit très bien et en explique la raison *:*

*« Mes désirs sont nombreux et ma plainte est pitoyable, mais par de durs refus tu m'épargnes toujours ; et cette sévère clémence, tout au travers de ma vie, s'est ourdie.*

*Jour après jour tu me formes digne des grands dons simples que tu répands spontanément sur moi [...]*

*Parfois languissant je m'attarde ; parfois je m'éveille et me hâte en quête de mon but ; mais alors cruellement tu te dérobes de devant moi.*

*Jour après jour tu me formes digne de ton plein accueil : en me refusant toujours et encore, tu m'épargnes les périls du faible, de l'incertain désir. »*[52]

Cette *« sévère clémence »* de l'Éternel, qui est celle de la vie, transparaît dans ce que vit Caïn. Au lieu de se dire *« les voies du Seigneur sont impénétrables »* il n'accepte pas cet évènement, ce qui l'irrite et lui fait *« tomber ses faces »*. Cet évènement est tout simplement une épreuve dans la marche de l'homme vers l'arbre de vie et la vie en Éternité, une épreuve comme nous en vivons tous dans notre vie terrestre et comme l'a vécu Job de façon beaucoup plus dramatique. La raison de cette épreuve est de lui faire connaître l'obstacle intérieur sur son chemin vers la connaissance de l'éternité car, comme l'a dit Ramana Maharshi[53] : *« une épreuve est une grâce de Dieu »*.

---

[51] Job 1:20 puis 2:10.

[52] Rabindranath Tagore, *L'Offrande lyrique*, poème 14, Gallimard, 1963.

[53] L'un des plus grands sages de l'Inde du XXᵉ siècle (1879-1950).

Mais il ne va pas comprendre et il ne va pas suivre cette voie ce qui, bien entendu, ne sera pas sans conséquences ; comme le répètent les sages de l'Inde : « *On devient ce que l'on pense.* »

La réaction de Caïn, qui est si souvent la nôtre, se situe à la hauteur de son propre désir, de ce qu'il attendait de la vie, c'est-à-dire une reconnaissance immédiate et visible de l'Éternel. Caïn croit connaître et comprendre l'Éternel, alors qu'en fait il est dans *l'ignorance*. Cette ignorance du plan mental de l'homme qui méconnaît sa nature véritable de « *fils du Père-le-vivant* » est la source des erreurs d'appréciation de la Vérité de la vie.

Ces possibles erreurs, outre le manque d'amour envers l'Éternel, peuvent également refléter un manque de maturité. Dans sa sagesse, l'Ecclésiaste (le Qohèlet) dit : « *Il existe un moment et un temps propice pour toute affaire* [ou *désir*] *sous les cieux.* »[54] Notons que le texte dit « *sous les cieux* » et non pas *sur la terre*, c'est-à-dire sous le regard de l'Éternel et non pas selon la volonté de l'homme. Jésus a enseigné la même chose à ses disciples lorsqu'il a dit : « *J'ai encore beaucoup de choses à vous dire mais vous ne pouvez pas les porter maintenant. Quand le Paraclet sera venu, l'Esprit de vérité, il vous conduira dans toute la vérité.* »[55] Ainsi l'homme doit avoir la maturité requise pour bien comprendre la loi de Dieu et entreprendre la tâche qui l'attend, mais Dieu seul connaît en lui si le temps est propice pour le faire. Vouloir s'abstraire de ce temps de Dieu qui est ce *temps de la vie* et doit être en harmonie en toute affaire, c'est courir le risque d'un échec. C'est aussi ce qui a pu se passer pour Caïn lors de son offrande car, rappelons-nous, il l'a faite avant Abel.

---

[54] Ecclésiaste 3:1.

[55] Év. de Jean 16:12-13.

Pour mieux comprendre cela, il faut se référer à un autre récit biblique qui se situe dans le Deutéronome aux chapitres 1 et 2. Après leur sortie d'Égypte, les fils d'Israël au cours de leur marche vers le pays de Canaan se rebellent contre Moïse et l'Éternel, puis, se rendant compte de leur erreur, ils se repentent et veulent alors, sans tarder, combattre leurs ennemis. Mais l'Éternel intervient et dit : « *Ne montez pas et ne combattez pas, car je ne suis pas dans votre sein* »[56] (Deut. 1:42). Les Hébreux n'écoutent pas cette voix et partent combattre audacieusement. Il s'ensuit pour eux une sévère défaite et au retour de cette défaite ils pleurent auprès de l'Éternel. Mais le récit précise que « *L'Éternel n'écouta pas votre voix et ne vous prêta point l'oreille* ». Suite de cet épisode désastreux, ils comprennent enfin qu'ils doivent partir vers le désert selon l'ordre qu'ils en avaient auparavant reçu de l'Éternel. Après cette longue errance de quarante années dans le désert, c'est-à-dire après ce temps de purification et de maturation absolument nécessaires, ils pourront à nouveau affronter et vaincre leurs ennemis. Ainsi dans cet épisode, même si apparemment il peut s'agir d'ennemis extérieurs au peuple juif, il est beaucoup plus important de comprendre qu'il s'agit des ennemis intérieurs qui sont un obstacle à la connaissance de Dieu et à l'amour pour toute sa création, corollaire d'être gardien de ses frères comme nous le verrons aux versets suivants.

La sagesse hindoue enseigne que *l'offrande* ou *le sacrifice* offert à Dieu signifie *le combat sur le chemin spirituel qui doit être parcouru.* C'est exactement ce que nous venons de voir à propos du combat que doivent mener les enfants d'Israël. Mais ils n'étaient

---

[56] Comme cela a été vu dans l'introduction, la traduction de ce verset est bien souvent erronée dans nos bibles, qui indiquent : « car je ne suis pas au milieu de vous ».

pas suffisamment prêts et purifiés pour obtenir la victoire. La nécessité de cette purification est également soulignée dans Livre de l'Apocalypse: « *Heureux ceux qui lavent leur robe afin d'avoir droit à l'arbre de vie.* »[57]

Lorsque l'homme veut « *faire une offrande* » qui engage une grande partie de sa vie (ce qu'il avait récolté), il doit être suffisamment prêt pour l'entreprendre. La réponse de l'Éternel, que Caïn ne comprend pas, lui est justement donnée pour qu'il puisse prendre conscience qu'il est encore loin de la connaissance de Dieu puisqu'il croit que celui-ci aurait des préférences. Si nous sommes un peu attentifs à ce qui se passe dans notre propre vie, nous savons très bien que lorsque nous essayons de dépasser telle ou telle difficulté intérieure, souvent nous n'y parvenons pas tant que le temps n'est pas encore venu. Puis un jour ce temps est là et il nous semble que Dieu a triomphé en nous-même de ces difficultés, comme dans les combats que le peuple d'Israël a dû mener, car tant de fois l'Éternel lui dit à propos de ses ennemis : « *Je les livre entre tes mains.* » Cela ne signifie aucunement qu'il faille être passif mais que seules, la prière, la dévotion, la méditation et l'adoration constantes nous élèveront vers l'Éternel qui triomphera alors en nous de nos ennemis.

v. 6

LS : *Et l'Éternel dit à Caïn :*

*Pourquoi es-tu irrité, et pourquoi ton visage est-il abattu ?*

AC : *IHVH dit à Caïn :*

*Pourquoi cela te brûle-t-il, pourquoi tes faces sont-elles tombées ?*

---

[57] Apocalypse 22:14.

Malgré cette constante erreur de l'homme, ou justement à cause d'elle, il y a toujours en lui une interrogation sur le sens de sa vie, d'où la question de l'Éternel à propos de sa réaction face aux événements rencontrés. Parfois il nous arrive ainsi de percevoir de manière très furtive, au fond de notre cœur, ce questionnement : pourquoi suis-je mécontent ?

La question de l'Éternel peut se résumer en ceci : *ton attitude est-elle juste ?* Lorsque Dieu parle *d'une attitude juste* ce n'est pas dans une perspective morale sur le plan humain, mais c'est par rapport à *la vocation de l'homme qui est de trouver Dieu.* Caïn, qui est le plan mental de l'homme, peut-il, à lui seul, avoir une attitude juste pour répondre à cette vocation ? La suite de cette allégorie nous montrera que non, et que c'est dans la profondeur de notre être, notre âme, que se trouve le véritable guide pour ce but de notre vie.


v. 7

LS : *Certainement, si tu agis bien tu relèveras ton visage, et si tu agis mal le péché se couche à ta porte,*

*Et ses désirs se portent vers toi : mais toi domine sur lui.*

AC : *N'est-ce pas que tu t'améliores à porter ou que tu ne t'améliores pas, à l'ouverture la faute est tapie ;*

*À toi, sa passion. Toi gouverne-la.*

Le discours de l'Éternel se poursuit par une mise en garde pour l'homme s'il ne suit pas la vocation de sa vie. Comme le verset précédent l'a suggéré, c'est au fond du cœur de l'homme que cette loi et cette vocation se découvrent pleinement et nous éclairent. Cela n'exclut nullement le fait qu'il soit nécessaire de l'enseigner et de l'étudier, mais signifie que c'est en l'intériorisant qu'elle révèle sa plus haute vérité et toute sa puissance. Est-ce pour cela que ce verset est si difficile à traduire comme si nous avions tous du mal à capter l'enseignement de Dieu ?

Effectivement les deux traductions de ce verset expriment des idées différentes qui, de ce fait, ne peuvent refléter exactement ce que dit le texte hébreu. Dans le livre du prophète Ésaïe, l'Éternel avait bien souligné cette difficulté : « *Va et dis à ce peuple : Vous entendrez et vous ne comprendrez point ; vous verrez et ne saisirez point.* »[58] Toutefois cette difficulté n'est pas insurmontable et l'hébreu qui, rappelons-le, est « *la langue de la vision, faite pour évoquer l'image, le mouvement, l'expression concrète du geste* »[59] peut nous aider à mieux saisir l'esprit de ce texte. C'est pourquoi nous allons nous affranchir quelque peu de ces traductions en reprenant le texte original mot à mot.

1/     לוֹא אִם־תֵּיטִיב שְׂאֵת
*N'est-ce pas que si tu agis bien, (c'est) une élévation/dignité ?*[60]

La mise en garde de l'Éternel intervient sous la forme d'une question parce que c'est par une interrogation que l'homme peut entreprendre une démarche d'intériorisation, afin qu'il trouve en

---

[58] Ésaïe 6:9.

[59] A. Chouraqui, op. cit.

lui-même une réponse à ses perplexités sur son rôle ici-bas. Bien-heureuse instruction pour l'homme qui sait la capter en lui-même, ainsi que le dit le Deutéronome :« *Ce commandement que je te prescris aujourd'hui n'est pas dans le ciel, pour que tu dises : Qui montera pour nous au ciel et nous l'ira chercher, qui nous le fera entendre afin que nous le mettions en pratique ? Il n'est pas de l'autre côté de la mer pour que tu dises : Qui passera pour nous de l'autre côté de la mer et nous l'ira chercher, qui nous le fera entendre afin que nous le mettions en pratique ? C'est une chose, au contraire, qui est tout près de toi, dans ta bouche et dans ton cœur, afin que tu le mettes en pratique.* »[61]

Cette interrogation s'articule autour du verbe יָטַב *(yatav)* qui signifie « bien faire, bien agir, répondre à sa vocation, faire une chose de façon juste, être bienveillant (étymologiquement « bien-voulant »), rendre heureux ». Lorsque c'est Dieu qui parle de « bien agir », ceci concerne l'homme dans son intégralité, donc non seulement dans ses actions matérielles sur la terre, mais aussi dans toutes les autres dimensions de sa vie, qui comprennent bien sûr son amour pour Dieu et les autres. Aussi, essayons de comprendre cette parole plus haut, puisque le verset utilise le substantif שְׂאֵת *(se'eyth)* qui provient d'une racine signifiant « porter, soulever, pardonner, enlever, être élevé, se lever, se dresser ». Il signifie donc une *élévation/dignité*. Il faut donc comprendre que le « bien-faire » et le « bien-agir » selon Dieu, c'est justement la démarche que l'homme doit entreprendre en vue de son *élévation vers l'Éternel* ; sa vocation est *de monter vers Lui.*

---

[60] En général l'hébreu n'utilise pas le verbe « être » pour qualifier une situation, mais nous l'avons ajouté en français pour rendre ce mot à mot plus compréhensible pour ceux qui ne connaissent pas l'hébreu.

[61] Deutéronome 30:11-14.

Le verbe hébreu *yatav* signifie également « rendre heureux » ce qui indique que cette élévation rend l'homme heureux, comme Jésus le dit à Simon-Pierre (Matthieu 16 ;13-17) lorsqu'Il interroge ses disciples : « *Qui dites-vous que je suis ?* » Pierre lui répond : « *Tu es le Christ, le Fils du Dieu vivant* ». La réponse de Jésus est sans ambiguïté : « *Tu es heureux, Simon, fils de Jonas ; car ce ne sont pas la chair et le sang qui t'ont révélé cela, mais c'est mon Père qui est dans les cieux.* » Pierre a été élevé de son plan de conscience habituel, qui est celui *de la chair et du sang*, vers un plan supérieur où il peut reconnaître Dieu en Jésus. Cette élévation, c'est en l'homme le chemin vers la connaissance de Dieu et le triomphe de l'Esprit, un pas en avant qui nous rend heureux en nous faisant dépasser notre ego pour pouvoir devenir gardien de nos frères.

Cette démarche que doit accomplir l'homme est différente pour chacun et uniquement selon sa propre vocation. La vocation de Caïn, vue au verset 2, est d'être un *serviteur de la glèbe*, ce qui situe ce service dans l'action concrète de la vie. Sa vocation est d'offrir les conditions matérielles, vitales et mentales de développement de la vie sur  la terre. Un serviteur agit bien lorsqu'il agit pour le bien et le plaisir de son maître, sans attendre une récompense particulière en retour. Sa démarche a-t-elle été faite dans l'optique juste de ce service, dans un détachement de lui-même et sans arrière-pensée ? Attendait-il de la part de Dieu une reconnaissance, voire une récompense en retour de son offrande ? Attendait-il une vie sans aucune difficulté ? Nous ne le savons pas, même si nous pouvons le supposer au vu de sa réaction. Mais après cette mise en garde il doit faire l'effort de demeurer dans une démarche d'acceptation des événements voulus par l'Eternel au lieu de se regimber contre eux.

2/   וְאִם לֹא תֵיטִיב לַפֶּתַח חַטָּאת רֹבֵץ

*Et quand tu n'agis pas de façon juste, à l'ouverture/porte le « manquer de but » étant tapis,*

L'Éternel vient d'instruire l'homme sur le bienfait d'agir de façon juste. Maintenant Il lui explique ce qui au-dedans de lui peut être source d'erreur, ou de faux pas, par rapport à une action juste.

*L'ouverture/porte* fait concrètement référence au passage qui permet de communiquer entre la tente, ou la maison, et son environnement. Elle signifie le lieu d'échanges entre les circonstances extérieures et notre intériorité. En effet, la manière dont l'homme voit et vit les circonstances extérieures dépend bien entendu de celles-ci, mais bien davantage encore de ce qu'il est. « *L'important ce ne sont pas les situations extérieures mais la manière dont nous réagissons* », enseigne Mâ Sûryânanda Lakshmî.

Dans notre vie, nous sommes tous confrontés en permanence à cette vérité, même si nous n'en avons pas conscience, et un exemple simple nous permettra de mieux la comprendre. Un prêtre nous faisait visiter sa très belle église romane abritant dans sa crypte une statue très ancienne de la Vierge. Depuis des générations les fidèles de cette région avaient l'habitude de venir dans cette crypte pour toucher cette statue et il nous relatait que certains de ses paroissiens s'en indignaient, estimant qu'il s'agissait là de superstition ou d'idolâtrie et souhaitaient en conséquence qu'il réprouve cette pratique. Ce bienheureux prêtre leur répondait alors : « *Mais non, moi j'y vois un geste d'amour.* »

C'est précisément dans sa réaction devant les circonstances de la vie que se situe le *manquer de but* de Caïn, son faux pas. Le mot hébreu traduit ici par l'expression « le manquer de but » provient d'un verbe חטא *(hata)* qui certes veut dire « pécher », mais avant tout « trébucher, manquer une cible ou un but, se tromper, s'égarer, ne pas trouver »[62]. Nous ne reprendrons pas ici ce terme de *péché* qui est utilisé dans les traductions traditionnelles parce qu'il a une connotation péjorative et que le verbe *hata* exprime mieux une dynamique dans le possible trébuchement de l'homme au cours de sa vie. La vie de l'homme court toujours vers un but, même si bien souvent il ignore lequel. De quelle cible ou de quel but manqué(e) s'agit-il ? Il s'agit justement de cette *élévation/dignité* rappelée en début du verset. En outre le texte hébreu utilise le participe actif du verbe « tapir » pour indiquer que ce risque de *faux pas* par rapport au but à atteindre est un élément permanent, inscrit dans la structure même de notre être.

Caïn voit dans la réponse de la vie qui suit son offrande une *préférence* de l'Éternel, au lieu de tout simplement considérer que se présentait à lui l'occasion de connaître la loi de Dieu, de l'accepter et donc de corriger son attitude pour avancer un peu plus vers son « destin surnaturel ». Comment pourrait-il y avoir une préférence en l'Éternel ? Aucune, comme nous l'avons déjà vu dans le Deutéronome 10:17 : « *Car l'Éternel, votre Dieu, [...] ne fait point acception des personnes* ». Cette attitude de Caïn a bien entendu des conséquences dans sa vie et c'est ce que l'Éternel va maintenant lui expliquer.

---

[62] Dans la Septante il est traduit par « amartia » venant du verbe *amartanô* dont le sens premier est « manquer le but » puis, « se tromper de chemin, s'écarter de la vérité, dévier, s'égarer, se méprendre, manquer de faire, trébucher » ; puis (seulement en dernier) « commettre une faute, faillir, pécher ».

3/ וְאֵלֶיךָ תְּשׁוּקָתוֹ וְאַתָּה תִּמְשָׁל־בּוֹ

*Et en toi sa domination, et toi tu seras comme lui (ce manquer de but).*

Dans ce passage il y a comme un dialogue permanent, un lien étroit entre nos réactions et ce que nous devenons. D'un côté ce « *manquer de but* » est toujours en attente de faire jouer sa prépondérance en nous si nous ne sommes pas bienveillants et attentifs, mais d'un autre, il a la capacité d'induire le devenir de notre vie.

Ici pour le verbe משל (*machal*) nous reprendrons le sens de « être semblable à » puisque dans le contexte où il est utilisé, il dépasse la vision moralisante que sous-tendrait le sens de *dominer* assorti au mot péché dans cette phrase. Ce verbe est en hébreu au *mode inaccompli* ce qui signifie qu'à partir de l'enseignement de l'Éternel toutes les possibilités de changement de point de vue sont ouvertes. Les sages de l'Inde répètent « *on devient ce que l'on pense* » et énoncent plusieurs paraboles illustrant cela. Caïn a porté un jugement erroné sur la vie et sur l'Éternel et, s'il ne change pas de point de vue, il s'enfoncera encore plus dans l'erreur et manquera le but assigné par Dieu. C'est bien ce qui va se passer par la suite.

v. 8

LS : *Cependant, Caïn adressa la parole à son frère Abel ;*

*Mais comme ils étaient dans les champs, Caïn se jeta sur son frère Abel et le tua.*

AC : *Caïn dit à Hèbèl son frère …*

*Et quand ils sont au champ, Caïn se lève contre Hèbèl, son frère, et le tue.*

Les conséquences de son erreur d'appréciation, qui est si souvent la nôtre, se révèlent au grand jour dans ce verset. Caïn n'a pas tenu compte de la mise en garde de l'Éternel et n'a pas changé de point de vue. Son attitude est plus dictée par l'attachement à son ego que par l'amour pour son frère et pour l'Éternel, d'où peut-être un soupçon de jalousie car comme le dit C.G. Jung : « *Le noyau de toute jalousie est un manque d'amour.* »

« *Caïn dit à Hèbèl son frère ... * »
Nous ne savons pas ce que Caïn dit à son frère et en contre-partie soulignons qu'Abel ne parle pas. Cette parole inaudible de Caïn et ce silence d'Abel évoquent un vieil adage oriental : « *Le sot parle beaucoup et le sage se tait.* »

« *Et quand ils sont au champ, Caïn se lève contre Hèbèl son frère* »
*Quand ils sont au champ* signifie tout simplement qu'ils sont dans l'action concrète de la vie.

*Caïn se lève contre Abel, son frère, et le tue.*
Le verbe utilisé ici קום (*kavam*) veut dire « se lever contre », « se dresser », « devenir puissant », ce qui exprime tellement bien *l'orgueil* de Caïn qui se dresse et veut surpasser son frère Abel. Ceci entraîne pour Caïn, donc en nous-même, une conséquence logique : « *[...] et le tue.* » Cette attitude de domination orgueilleuse et violente est l'exact opposé de l'enseignement de l'apôtre Jean dans son évangile (3:30) lorsqu'il dit à propos de Jésus : « *Il faut qu'il croisse et que je diminue.* »

Si nous regardons uniquement ce qui frappe les yeux, cette mort d'Abel paraît être un affreux fratricide. Mais si nous regardons au cœur de cette métaphore, cette mort, c'est l'effacement en l'homme de sa conscience spirituelle qui doit toujours demeurer le berger et le guide de sa vie. Mais nos plans de conscience physique-vital-mental veulent garder leur prépondérance et agir uniquement selon leurs propres prérogatives ne voulant pas laisser Abel vivre pleinement et en harmonie avec eux. Très souvent l'homme s'identifie avec ces seuls plans et ne veut pas laisser les plans spirituels croître en lui-même pour le conduire dans une démarche d'élévation, conformément à l'enseignement de Jésus et des grands sages de l'Inde. Or, laisser notre âme être le guide de notre vie, c'est ne pas penser, ne pas agir, ne pas faire de projet sans que ce soit notre âme qui nous le dicte.

Ce verset souligne bien les ravages de l'orgueil et nous renvoie à l'enseignement des grandes religions qui toutes prônent la nécessaire humilité dans le cheminement spirituel. « *Il n'y a pas de plus grande vertu que l'humilité, ni de vice plus grand que l'orgueil* »[63], disait par exemple Swâmi Râmdas. Selon l'enseignement de Shrî Aurobindo, laisser l'âme grandir en nous, c'est aussi la laisser nourrir et féconder les plans inférieurs (Caïn) pour les transfigurer, c'est-à-dire les amener eux aussi à cette élévation évoquée précédemment.

---

[63] Swâmi Râmdas, *Présence de Râm*, « Aphorismes », op. cit. p. 129.

# L'enseignement divin relatif à cette erreur
## (v. 9-14)

Nous savons bien qu'une erreur, que ce soit sur le plan matériel, psychologique, social ou spirituel, peut nous apprendre quelque chose si nous y sommes attentifs.

v. 9

LS : *L'Éternel dit à Caïn : Où est ton frère Abel ?*

*Il répondit : Je ne sais pas ; suis-je le gardien de mon frère ?*

AC : *IHVH dit à Caïn : Où est ton frère Hè<u>b</u>èl ?*

*Il dit : Je ne sais pas. Suis-je le gardien de mon frère, moi-même ?*

*Où est ton frère ?*

La parole que l'Éternel adresse à Caïn est en rapport direct avec l'erreur qu'il vient de commettre. Cette question se pose à tous les hommes, mais dans leur grande majorité ils n'en ont pas conscience : où est-il, cet Abel que j'ai tué en moi-même ?

À cette question de l'Éternel, Caïn répond qu'il *ne sait pas*. Sa réponse n'est pas une tentative de jouer à l'innocent, mais est au contraire tout à fait logique en rapport avec ce qu'il est.

Il ne sait plus où sont ses plans de conscience supérieurs, puisqu'il leur a ôté le droit de vivre pleinement en lui. Il faut comprendre ici que dans la réponse de Caïn, il ne s'agit pas de la mémoire cognitive, mais de la mémoire de ce que nous sommes réellement, au fond de nous- même, dans l'intimité de notre être, de notre essence vivante : les fils de Dieu.

La Bhagavad-Gita nous renseigne sur la cause de cet oubli et de cette ignorance : « *La colère et l'envie ôtent la mémoire.* » Les versets précédents montrent qu'il y a effectivement chez Caïn de l'envie et de la colère.

Qu'est-ce en l'homme que cette ignorance ou défaillance de mémoire ? C'est l'oubli, et donc l'ignorance, qu'il y a en lui  une dimension de son être  qui connaît Dieu. Combien de fois  ne sommes-nous pas dans cette ignorance et ne savons pas où  est Abel en nous-même ! C'est en conséquence l'oubli de Dieu dans notre vie et aussi l'ignorance que tous les autres hommes sont également *fils de Dieu*. C'est pourquoi Caïn répond en posant à son tour une question qui est fondamentale et autour de laquelle s'articule l'ensemble de cette allégorie :

*Suis-je gardien de mon frère ?*

Tout d'abord, remarquons que le texte hébreu ne parle pas de quelqu'un qui serait un gardien personnalisé, car il utilise un verbe au participe actif qui a valeur d'attribut attaché à une fonction. Alors plutôt que de le traduire : « Suis-je *le* gardien de mon frère ? » comme l'ont fait la plupart des bibles, nous préférons dépersonnaliser cette fonction puisqu'elle concerne tous les hommes en traduisant : « *Suis-je gardien de mon frère ?* ».

Cette question interroge la nature de l'homme, ce que nous sommes. Ensuite, considérons que le terme « gardien » est à prendre dans son sens de « protecteur, défenseur », « avoir la charge de, préserver, surveiller ».

Nous avons tellement l'habitude de considérer les évènements décrits dans la Bible comme des éléments extérieurs à nous-même, que notre façon de la comprendre reste au niveau du seul intellect, qui ne peut connaître la Vérité de la vie puisqu'il est par nature dualiste. Aussi la plupart des commentaires de ce récit se sont bornés à n'en tirer qu'une perspective morale, donc dualiste, relative à notre façon d'agir dans le monde. Certes, cette perspective morale nous invite à nous occuper des autres lorsqu'ils en ont besoin et rejoint par là une morale laïque dont le but est de permettre le « vivre-ensemble ». Ce point de vue peut s'avérer parfois utile pour nous-même et nos proches, mais peut-on ramener l'enseignement de la Bible, donc la parole de Dieu, à cette seule perspective ?

À l'évidence, ce texte ne nous parle pas de cette seule perspective morale car nous remarquons deux choses :

1/ Si Dieu avait voulu donner à Caïn une telle instruction sur ce plan, on peut raisonnablement penser qu'Il l'eût fait avant le meurtre d'Abel. C'eut été certainement plus adapté et logique.

2/ À la question : *Suis-je gardien de mon frère ?* l'Éternel ne répond pas. Cette absence de réponse est aussi un enseignement destiné à faire prendre conscience à l'homme qu'il doit chercher en lui-même ce qu'il EST en Vérité (qui suis-je ?). Mais nos plans de conscience physique-vital-mental ne peuvent seuls répondre à cela et Caïn le sait. C'est pourquoi sa question résonne comme s'il disait à l'Éternel : *Tu sais bien, Toi, que je ne suis pas gardien de mon frère, alors pourquoi me demandes-tu où est mon frère ?*

Si Caïn n'est pas gardien de son frère, qu'est-ce qui l'est en nous ?

Que Caïn ne soit pas gardien de son frère signifie tout simplement que les plans inférieurs de notre conscience n'ont pas en charge de préserver les plans spirituels (Abel), l'âme et l'Esprit en l'homme. Nous savons bien que nous pouvons être très malades et pourtant garder Abel vivant en nous. Aussi n'apparaît-il pas clairement que si nos plans physique-vital-mental ne peuvent pas être gardiens des plans spirituels, ce sont précisément ces derniers, c'est-à-dire Abel, qui pourraient l'être ? Rappelons-nous qu'Abel est gardien du troupeau, celui qui le guide et prend soin de lui, ce qui le présente comme gardien des autres éléments de la vie.

Les sept plans de la conscience et de la vie sont comme les échelons de l'échelle de Jacob qui relient la terre et le ciel et sur laquelle « *montent et descendent les anges de Dieu* »[64]. Ce sont les sept étapes de notre montée vers l'Éternel. Dans une échelle chaque échelon doit être parcouru l'un après l'autre et chaque échelon est responsable de l'échelon précédent, sinon l'échelle ne tiendrait pas. Il est aisé de constater que cela est déjà vrai entre les premiers plans de conscience physique, vitale et mentale de l'homme. Le plan vital assure la survie de toute créature vivante et garde le plan physique. Le plan mental de l'homme assure un autre niveau de connaissance de la vie et garde les plans vital et physique. Au cours des âges il a notamment permis des pro- grès importants dans de multiples domaines pour l'ensemble des civilisations. Mais il peut aussi être source de bien des dérives profondément tragiques, justement lorsque les hommes ont tué Abel en eux-mêmes !

---

[64] Gn 28:12.

La question de Caïn est comme la partie émergée d'un iceberg porteur d'une question plus vaste : « *qui suis-je ?* » C'est en se penchant sur cette dernière, qui recouvre la précédente, que nous pouvons mieux comprendre pourquoi et en quoi l'homme doit faire grandir Abel en lui-même pour devenir gardien de son frère.

Cette quête du « qui suis-je ? » dans un texte sacré ne concerne nullement notre vie sociale dans le monde, mais plonge dans l'intimité de l'Être pour percer le mystère de notre fraternité avec tous les êtres vivants.

Ce n'est qu'aussi longtemps que nous persistons à croire que Dieu et les autres sont séparés de nous et restons centrés sur notre ego, que nous demeurons dans l'ignorance de ce que nous sommes et donc imperméables à la question « qui suis-je ? ». Cette ignorance est cause que nous ne sommes pas dans la paix et que nous sommes impuissants à aimer et aider les autres pour leur apporter cette paix. Quand l'ego s'efface, qu'il est trans-figuré, lorsque nous ne nous identifions ni avec notre corps ni avec nos pensées, alors nous comprenons que nous sommes l'essence vivante de toute chose, « *les fils du Père-le-vivant* ». En dépassant cette ignorance l'homme réalise et vit qu'il est *gardien de ses frères,* ou comme l'a dit Swami Ramdas qu'il a *conscience d'être universel bien davantage qu'une personne individuelle.*

Aussi la meilleure façon, la plus efficace et la plus sûre de deve-nir gardien de nos frères c'est de toujours faire grandir Abel en nous. C'est se tourner vers Dieu, au lieu de toujours se préoccuper de notre ego, ce « moi-je » bien encombrant, comme l'enseigne Mâ Sûryânanda Lakshmî : « *Quand l'invisible nous apparaît plus réel que le visible, l'immatériel plus précieux que le matériel, l'infini plus vrai et plus aimable que notre moi personnel restreint, alors le sentier de l'amour pur et de la sagesse se trace de lui-même dans notre vie ; notre démarche change, notre activité se transfigure, notre intelligence s'affine, notre sensibilité acquiert la lucidité de la vision intérieure ; dans notre conscience s'allume l'étoile sereine et pénétrante de l'Esprit. »*[65]

Cette culture du « qui suis-je ? » imprègne la spiritualité de l'Inde et un sage tel Ramana Maharshi qui en a fait le pivot de son enseignement spirituel dit ceci : « *Il vous faut trouver vous-même qui vous êtes. Vous n'êtes ni le corps physique, ni le mental, ni l'intellect, ni l'ego, ni quoique ce soit d'autre auquel vous puissiez penser. Découvrez ce que vous êtes véritablement. Le silence indique que le questionneur est lui-même le Soi (son essence vivante) qu'il recherche.* »[66]

De façon similaire, Jésus nous guide vers ce que nous devons découvrir et connaitre intérieurement *: « Le Royaume est le dedans de vous et il est le dehors de vous. Quand vous vous connaîtrez, alors vous serez connus et vous saurez que c'est vous les fils du Père-le-vivant.* »[67]

Ramana Maharshi explique la raison et la nécessité de ce travail de connaissance intérieure : « *Quelle est la plus grande richesse que l'on puisse donner à autrui ? C'est le bonheur. Le bonheur naît de la paix et celle-ci ne survient que lorsqu'il n'y a plus aucun trouble. Ce dernier est lui-même provoqué par les pensées qui naissent dans le mental. Si bien que dès que le mental est absent, vide, la paix parfaite s'instaure aussitôt. Tant que*

---

[65] Mâ Sûryananda Lakshmî, *Exégèse spirituelle de la Bible*, op. cit. p. 109.

[66] *L'Enseignement de Ramana Maharshi*, Albin Michel, 1972, p. 537.

[67] Ev. de Thomas logion 3.

*l'homme n'aura pas annihilé son mental, il ne pourra jamais connaître la paix parfaite et être heureux. Et tant qu'il ne sera pas heureux il ne pourra jamais rendre son prochain heureux ».*[68]

En d'autres termes, Jésus a dit la même chose : « *Il n'y a pas de plus grand amour que de donner sa vie pour ses amis* » (Jean 15:13). Dans la bouche de Jésus « *donner sa vie* » ce n'est pas forcément mourir sur une croix[69], mais c'est avant tout annihiler son mental, c'est-à-dire *renoncer à soi-même* comme il l'a dit à plusieurs reprises à ses disciples : « *Si quelqu'un veut me suivre qu'il renonce à lui-même* ».

Comme l'ont dit plusieurs sages, vivre dans cette connaissance et cet amour est source de paix, non seulement pour nous-même, mais aussi pour tous les hommes, tous nos frères :

- Séraphin de Sarov[70] : « *Trouve la paix intérieure et des milliers la trouveront autour de toi.* »

- Ramana Maharshi : « *Si l'homme parvient à faire régner en lui la paix, celle-ci règnera dans le monde.* »

Ayant accompli cela, Jésus déclare : « *Je vous laisse la paix, je vous donne ma paix. Je ne donne pas comme le monde donne.* » (Jean 14:27)

Le bonheur des hommes naît de cette paix et rendre son pro-

---

[68] *L'Enseignement de Ramana Maharshi,* op. cit. p. 506.

[69] Mourir sur une croix, c'est le spectacle décrit par Luc (23:48) que Jésus donne à l'humanité pour qu'elle comprenne que pour Le suivre les hommes doivent renoncer à eux-mêmes. Ce terme de spectacle est utilisé par Luc.

[70] Moine et saint russe (1754-1833).

chain heureux, n'est-ce pas être son gardien au sens où nous l'avons défini ? N'est-ce pas vouloir le préserver et le protéger pour qu'en lui règnent la paix et le bonheur ? Mais ceci ne peut se faire n'importe comment et ne peut se réaliser en demeurant figé dans la seule perspective morale. Se restreindre à cette seule perspective, permet certes à celui qui la respecte de faire un pas vers cette paix, mais en rester à ce niveau, c'est s'empêcher de vivre en notre âme cette parole du Christ : *« Aimez-vous les uns les autres, comme je vous ai aimés. »*[71]

L'histoire nous a appris que la paix que donnent généralement les hommes est toujours extérieure et dure au mieux quelques décennies. Cette paix reste éphémère car rien dans le monde n'est éternel si ce n'est Dieu lui-même. Contrairement à la paix que donnent les hommes, la paix que donne le Christ, ou ceux que dans l'Inde on nomme des avatars[72], est une paix intérieure. Si l'homme sait la recevoir de façon juste, c'est-à-dire la rencontrer au fond de lui sans la ramener à sa personne individuelle, elle l'envahit tout au long de sa recherche de la Vérité pour devenir partie intégrante de lui-même et de la création. Elle est conscience de ce qu'il Est (le Soi comme dit l'Inde), aboutissement de sa question « qui suis-je ? ».

Si l'homme a ce désir et cette volonté de faire grandir Abel, cette primauté se reflétera non seulement sur le plan intérieur mais lui fera voir et agir autrement sur le plan extérieur. Il est

---

[71] Jean 13:34.

[72] Selon sa racine sanscrite, le mot « avatar » signifie « incarnation divine ». Dans la religion hindoue, ces avatars sont chacune des incarnations de Vishnou. Mâ Sûryânanda Lakshmî dit : *« L'Avatar, l'incarnation divine, est une seule et toujours la même sous tous les noms qu'elle se donne pour se faire connaître et se faire aimer des hommes. »*

possible que ceux qui ont conscience en eux-mêmes de cette paix, entament des actions concrètes magnifiques et bénéfiques dans le monde, cela dépendra où la vie les a placés ; mais il est tout aussi possible que cette paix s'exprime tout simplement par le rayonnement et l'amour que répand autour de lui celui qui l'a vécue. Les saints et les sages du monde entier, qui ont eu cette constante pensée de l'Éternel, l'ont adoré, ont médité sur lui, se sont offerts à Lui comme son serviteur, ont répandu tant d'amour autour d'eux que par cet exemple, ils nous ont appris que l'âme et l'Esprit en l'homme sont véritablement gardiens de tous les éléments de la vie.

À quelqu'un qui disait à Râmakrishna qu'il souhaitait s'engager dans la politique pour (d'après ses dires) aider son pays, il lui répondit : « *Va d'abord méditer dix ans seul, ensuite tu agiras en bien et de façon juste pour ton pays.* » Mais l'inverse est loin d'être juste comme l'affirme souvent notre mental, c'est-à-dire Caïn, qui voudrait ainsi maintenir sa prédominance et pour ce faire mettre la charrue avant les bœufs. Plus il y aura dans le monde d'êtres qui vivent avec un visage tourné vers Dieu, plus le monde sera susceptible de changer car « *l'homme devient ce qu'il pense. S'il pense mal il devient le mal, s'il pense amour il devient l'amour, s'il pense vérité il devient la sagesse et s'il pense sérénité non seulement il devient sérénité, mais il force la sérénité.* »[73] Combien de violences, de tragédies et de guerres pourraient être évitées si nous donnions à Abel la première place dans notre vie au lieu de le tuer !

Même si nous n'atteignons pas le niveau spirituel de ces grands saints et sages, chacun à son niveau et à son rythme peut travailler

---

[73] Mâ Sûryânanda Lakshmî, dans une conférence.

à faire grandir Abel en lui afin que cette paix irradie un peu plus chaque jour dans le monde. Puisque nous pouvons faire émerger cette paix en nous et puisque le visage du monde est le reflet de notre visage, nous avons tous la responsabilité de faire en sorte que les hommes avancent vers cette paix à laquelle ils aspirent depuis toujours car elle vit au fond d'eux-mêmes. N'est-ce pas cela, être gardien de ses frères ?

Les hommes qui souhaitent s'engager sur ce chemin de paix et de fraternité demandent souvent aux philosophies ou aux religions comment le faire. Ceux qui vivent en eux-mêmes cette paix, quelles que soient leur époque, leur philosophie ou leur religion, sont dans ce domaine les grands instructeurs de l'humanité. Ils nous enseignent les bons outils pour faire grandir Abel en nous-même et dans le monde. Il est une parole que Mâ Sûryânanda Lakshmî répète souvent car, dit-elle, « *j'aimerais que nous la vivions* » et cette parole, c'est ceci : « *Tous les hommes sont un. La destinée du monde, la destinée de l'humanité est indivisible et une en Dieu. De vivre cela crée un climat favorable et positif qui permet à l'humanité d'avancer.* »

v. 10

LS : *Et Dieu dit : Qu'as-tu fait ?*
   *La voix du sang de ton frère crie de la terre jusqu'à moi.*
AC : *Il dit : Qu'as-tu fait ?*
   *La voix des sangs de ton frère clame vers moi de la glèbe.*

Avant d'aborder les versets 10 à 14 qui tous parlent, apparemment, de la « terre », il est nécessaire de préciser quels sont les mots hébreux rencontrés pour exprimer cela. Il y a d'abord le mot הָאֲדָמָה (l'Adama) qui peut être traduit par « Terre-Glèbe » ou par

« Terre-Mère » car c'est de là que l'homme fut tiré, comme le dit Genèse 2:7 et 3:23. Le nom de l'homme *(l'adam)* souligne bien cette parenté. *L'Adama* est un archétype qui exprime à la fois l'énergie et la matérialité qui président au fondement terrestre de l'homme. Nous retrouvons cet archétype dans beaucoup d'autres traditions, par exemple : Nannu chez les Sumériens, la Pachamama des Péruviens, la Tellus Mater des Romains, la Gaïa des Grecs, la déesse Prithvi des Hindous, le dieu Geb des Égyptiens. Puis il y a le mot אֶרֶץ *(Eretz)* qui exprime un espace, ou un pays sur la terre, mais pas forcément bien circonscrit sur un espace déterminé. C'est là où demeurent les hommes et donc symboliquement *Eretz* signifie aussi leur façon de vivre et d'appréhender cette vie. C'est pourquoi A. Chouraqui traduit *Adama* par « glèbe » et *Eretz* par « terre » comme nous le verrons plus loin. Cette distinction est nécessaire pour mieux comprendre la suite du récit.

*« Et Dieu dit : Qu'as-tu fait ? »*

Cette parole engage la responsabilité de l'homme, mais loin d'être une mise en accusation de la part d'un quelconque juge, elle est au contraire tout amour et compassion, comme la suite du verset va le dire. On croirait entendre ici la voix d'une mère qui entend crier son enfant qui s'est fait mal, accourt vers lui, le prend dans ses bras et dit : *« Mon chéri, qu'as-tu fait ? »*

*« La voix des sangs de ton frère clame vers moi de la glèbe. »*[74]
La *voix des sangs d'Abel,* c'est la voix de la vie. Rappelons-nous qu'Abel représente les plans spirituels de l'homme et l'Éternel dit en nous : « Qu'as-tu fait de ton âme ? » C'est notre

---

[74] Les deux termes « Adam » et « Adama » proviennent d'une racine commune qui signifie « être rouge », ce qui évoque le sang pour l'homme et l'humus pour la terre.

âme qui du plus profond de nous-même et de la vie clame qu'elle est toujours vivante en Dieu, même si apparemment elle est effacée de la terre. Le texte dit que cette voix clame *depuis l'Adama* parce qu'elle est inséparable de la création elle-même, elle en est une des composantes depuis la fondation du monde, comme le dit Jésus : « *Père, [...] tu m'as aimé avant la fondation du monde.* » (Jean 17:24)

Il est des périodes de notre existence où la louange à la vie et à l'Éternel jaillit spontanément de notre cœur, par exemple dans une prière ou devant un magnifique paysage ou une simple fleur. Il est d'autres périodes au contraire où cela est difficile et c'est l'appel au secours qui s'avère être notre consolation. C'est pourquoi plusieurs psaumes chantent : « *Dieu viens à notre aide, Seigneur à notre secours* ». Même chez le plus criminel des hommes cette voix ne se tait jamais totalement et clame souvent inconsciemment vers l'Éternel qui demeure inexorablement en tous. Elle demeure éternellement vivante et ne saurait s'éteindre, quoi que nous fassions. Ceci est l'éternelle *compassion et miséricorde* divine dans le monde. L'homme se trompe si facilement dans l'appréciation du but à atteindre que s'il n'y avait pas cette miséricorde, *où irait-il, que deviendrait-il ?*

v. 11

LS : *Maintenant tu seras maudit de la terre*
  *qui a ouvert sa bouche pour recevoir de ta main*
*le sang de ton frère.*
AC : *Maintenant tu es honni plus que la glèbe*
  *dont la bouche a bée pour prendre les sangs de ton frère de ta*
*main.*

Si l'on se fie à la traduction de L. Segond, ce verset a parfois été compris comme l'annonce d'un bannissement qui était une des punitions majeures à cette époque. Cette *terre* c'est, selon l'hébreu, l'*Adama* et non pas l'*Eretz*, ce qui confirme qu'il ne s'agit pas d'un exil forcé hors d'une contrée particulière sur la terre. Le bannissement physique hors d'une ville ou d'un pays est l'affaire des hommes, or ici c'est Dieu qui parle et qui instruit. Tout comme nous avons vu qu'il n'y a pas en Lui de préférence, il faut aussi écarter l'idée qu'Il infligerait des punitions et des récompenses. Il y a là simplement une loi de la vie : toute pensée, toute parole et tout acte ont des répercussions sur notre vie, comme déjà vu en fin du verset 7 : *Tu seras semblable à...*

« *Maintenant* »... Ce « maintenant » nous indique que nos actes, qu'ils soient positifs ou négatifs, ne seront pas rétribués ou sanctionnés dans un lointain, et tout à fait incertain, enfer ou paradis après la mort. Il s'agit au contraire d'une réponse immédiate de la vie, dès ici-bas. Nous retrouverons cette immédiateté au verset 14 qui parle lui aussi de *aujourd'hui*. Ainsi le Livre de la Genèse nous enseigne, comme le dit Mâ Sûryânanda Lakshmî, que *« le jugement de Dieu, c'est ce que nous sommes »*. C'est justement ce que révèle ce verset, mais dans deux traductions qui diffèrent sensiblement.

LS : *« tu seras maudit / De la terre »*
AC : *« tu es honni / Plus que la glèbe »*

La traduction de L. Segond nous semble inappropriée, non seulement à cause de l'ambiguïté du mot « terre » mais aussi du fait qu'elle n'est pas vraiment accordée à la syntaxe de l'hébreu.

De plus elle manque de logique puisque si Dieu a fait naître l'homme de cette Adama, pourquoi maintenant le maudirait-il de cette Adama ? Cela ne tient pas. La traduction de A. Chouraqui est non seulement plus fidèle à l'hébreu, mais elle est aussi plus logique et cohérente en employant la préposition « plus que » : tu es honni, *plus que* la glèbe. [75]

Sans vouloir enlever la possible réalité historique aux personnages, force est de constater que les textes bibliques sont souvent plus logiques si l'on considère ces personnages, non pas comme des individus, mais comme des composantes, des facettes, des plans de conscience de l'homme en général. C'est pourquoi la prise en compte de la réalité de ces différents plans de conscience, déjà esquissés auparavant puis explicités en annexe II, permet de mieux comprendre et expliquer ce verset :

– Les deux premiers plans, les *consciences physique et vitale* sont entièrement soumis à la loi transcendante matérialisée en elles et à la volonté unique du Créateur.

– Le troisième plan, la conscience *mentale* de l'homme, est le *siège de la différenciation dualiste* et il a en lui le désir de ne plus vouloir se soumettre passivement à cette loi transcendante. C'est

---

[75] Les dictionnaires donnent plusieurs sens pour la conjonction מִן (*min*) ici utilisée et qui peut être traduite soit par « de » soit par « plus que ». Le texte hébreu marque une pause entre le verbe « honnir/maudire » et le substantif « l'Adama », ce qui rend difficile de considérer ce dernier comme un complément direct du verbe. En outre la conjonction מִן (*min*) est véritablement « construite » avec le substantif « Adama » et non pas avec le verbe. Ces deux particularités grammaticales font prévaloir que ce lien מִן (*min*) n'indique pas une relation de complémentarité ou de dépendance, mais plutôt une comparaison dans le sens de « plus que » : tu es maudit plus que la terre.

bien en cela qu'il est infidèle à sa vocation car il est en même temps « image de Dieu » et à ce titre sa vocation est de toujours monter vers l'Éternel pour connaître qu'il est lui aussi fils de Dieu.

Nos plans de conscience physique et vitale, qui sont passivement soumis à la loi de l'Éternel, ne peuvent pas être honnis ou maudits car ils sont la base de la vie manifestée, comme cela a été vu au verset 2-b. Ce sont les plans mentaux de l'homme qui ne veulent pas se soumettre à la volonté de Dieu et deviennent de ce fait *honnis plus que la glèbe.* Cette conscience mentale centrée sur notre *moi individuel,* notre ego, qui par essence est dualiste, est la source d'erreur des hommes par rapport à loi divine qui est Une. Cet attachement à son ego est à l'origine de ses faux pas sur son chemin vers la connaissance de l'Éternel. Il est *le péché fondamental* de l'homme et c'est pourquoi il est maudit *plus que* l'Adama.

Notre interprétation de ce verset pourrait paraître contradictoire avec ce que dit Dieu à la femme en Genèse 3:17 : « *le sol sera maudit à cause de toi ».* Mais il n'y a pas de contradiction car dans ce verset la terre semble être maudite *du point de vue* de l'être humain car l'Éternel dit bien : « *à cause de toi ».* Cette malédiction, c'est donc la façon dont l'homme perçoit la vie après qu'il eut mangé le fruit de l'arbre de la connaissance du bien et du mal, c'est-à-dire après être né à la conscience d'une vie dans la dualité, alors qu'en réalité il demeure dans l'Unité divine, même s'il ne le sait pas.

---

[76] Mâ Sûryânanda Lakshmî, op.cit.

Pour la suite du verset les deux traductions sont proches. Reprenons celle de LS :

*« qui a ouvert sa bouche pour recevoir de ta main le sang de ton frère. »*

La *bouche*, c'est ce qui permet l'expression verbale, donc elle représente toujours la vie puisque sans la vie il n'y a plus cette expression. Les *sangs* sont également le symbole de la vie et ils retournent à cette Adama qui les a fécondés. Même si l'œil de l'homme ne peut plus les appréhender, ils ne disparaissent pas dans un néant et demeurent toujours vivants.

v. 12

LS : *Quand tu cultiveras le sol, il ne te donnera plus sa richesse.*
   *Tu seras errant et vagabond sur la terre.*
AC : *Oui tu serviras la glèbe : elle n'ajoutera pas à te donner sa force.*
   *Tu seras sur la terre mouvant, errant.*

Comme le souligne la traduction d'A. Chouraqui, son rôle de serviteur mentionné au début du récit est ici réaffirmé. Mais sans Abel, c'est-à-dire dépossédé du berger de sa vie, l'homme s'est coupé de sa véritable richesse et de sa force sur tous les plans de son existence. L'*Adama* ne peut plus les lui fournir. Cette richesse et cette force, ce ne sont pas seulement les biens matériels issus de notre labeur, mais également la beauté, l'équilibre et l'harmonie de toute la vie. Lorsque les hommes font mourir Abel en eux-mêmes il y a rupture de cette harmonie et c'est sans doute à cause de cette mort d'Abel que l'humanité traverse des crises parfois si tragiques, horribles et destructrices

*... tu seras errant, mouvant sur la terre.*

Ici le terme « terre » renvoie à l'hébreu אֶרֶץ *(Eretz)*. Il ne s'agit plus de la *Terre-Mère* mais bien de la contrée où réside Caïn, contrée prise dans le sens, non pas d'une terre géographique, mais symboliquement de l'état dans lequel demeurent en général les hommes. Cet état, consécutif à leur erreur d'appréciation, leur faux pas, c'est l'errance.

Nous savons que nous pouvons nous sentir perdu, donc errant, en certaines circonstances, par exemple lorsque nous subissons un déracinement physique, affectif ou psychologique. Ce qui est vrai sur ces premiers plans de la vie l'est tout autant sur les plans spirituels. Lorsque, après une période dans laquelle nous nous sentions en communion avec l'Éternel, il arrive un moment où notre cœur devient froid et où cette communion ne nous habite plus, nous ne savons que faire et où aller, ne sachant plus ce qui est vrai, ce qui est bon, ne sachant non plus comment prier avec vérité. Cette errance fait partie de la vie de tout homme à certains moments, et c'est pourquoi le prophète Ésaïe dit à l'Éternel : « *Nous sommes depuis longtemps comme un peuple que tu ne gouvernes pas* ».[77] Caïn qui a perdu à la fois ses racines et son berger-guide dans la vie, lui qui devait concrètement entretenir la terre, s'appuyant sur sa valeur et ses potentialités, se retrouve maintenant instable et désorienté.

Rappelons-nous qu'Abel c'est en nous l'alliance que nous vivons avec L'Éternel, et c'est aussi le chemin vers cette alliance.

---

[77] Ésaïe 63:19.

Lorsque l'homme a effacé en lui-même *le vécu* de cette alliance, il n'en reconnaît plus le chemin et il est dans *l'errance*. Il devient *mouvant et errant sur la terre,* car dans ce monde sans cesse changeant la seule chose qui soit véritablement immuable c'est l'Éternel en nous. Mais l'homme ne comprend pas toujours pourquoi Dieu le met dans cette errance et le prophète Ésaïe avait lui aussi demandé : « *Pourquoi ô* Éternel *nous fais-tu errer loin de tes voies ?* »[78]

R. Tagore dans son poème déjà cité en a expliqué la raison :
« *Jour après jour tu me formes digne de ton plein accueil : en me refusant toujours et encore, tu m'épargnes les périls du faible, de l'incertain désir.* »


v. 13
LS : *Caïn dit à l'Éternel :*
   *Mon châtiment est trop grand pour être supporté.*
AC : *Caïn dit à IHVH :*
   *Mon tort est trop grand pour être porté.*

Aux versets précédents Caïn avait entendu la voix de l'Éternel l'instruisant de la loi et des conséquences de son erreur. Maintenant il exprime son ressenti qui est à la fois une plainte et une crainte.

Ici nous trouvons un terme hébreu עָוֹן *('avon)* qui a plusieurs sens et reste difficile à comprendre, ce qui se ressent dans les deux traductions citées qui utilisent des termes différents : « *châtiment* » ou « *tort* ». Le terme hébreu signifie « faute ou péché,

---

[78] Ésaïe 63:17.

peine ou souffrance, châtiment, tort ou iniquité ». Mais dans sa racine on peut aussi voir le fait de s'abriter ou de se réfugier après s'être « détourné de la route ». Alors le traduire par « *situation* » a l'avantage de se situer au centre de cette galaxie de sens et n'a aucune connotation morale, même si parfois cette *situation* peut être ressentie comme un péché ou un châtiment, tel le vécu de Caïn au verset 5.

*Ma situation est trop grande pour être portée.*

Cet état dans lequel Caïn se trouve désormais établi en lui-même lui semble difficile à vivre. Et une fois de plus l'hébreu est merveilleux car il est à la fois tout à fait concret et spirituel : il utilise le même verbe נשא (*nacha*) pour signifier en même temps « porter/soulever » et « pardonner ». Si l'homme offre sincèrement à Dieu ses erreurs pour qu'il les porte et l'en allège, au lieu de les ressasser, de sombrer dans la culpabilité et de s'en flageller, alors le pardon en lui-même n'est pas loin. Mais Caïn n'a pas encore cette attitude et ne fait que se plaindre à l'Éternel, ce qui génère en lui une certaine angoisse soulignée par le verset suivant.


v. 14

LS : *Voici, tu me chasses aujourd'hui de cette terre ; je serai caché loin de ta face,*

*Je serai errant et vagabond sur la terre, et quiconque me trouvera me tuera.*

AC : *Voici, aujourd'hui tu m'as expulsé sur les faces de la glèbe. Je me voilerai faces à toi.*

*Je serai mouvant, errant sur la terre : et c'est qui me trouvera me tuera.*

Une fois de plus les deux traductions diffèrent avec, soit le mot terre, soit le mot glèbe. Ici il s'agit non pas de *Eretz* mais de *l'Adama* ce qui signifie que l'homme/Caïn n'est pas chassé d'un lieu particulier sur la terre, mais qu'il n'est plus en communion avec ses fondements et sa vérité dans le sanctuaire de la vie. Nous traduirons donc la première partie du verset :

*Tu m'as déraciné de la glèbe. Je serai caché de ta face.*

Tant qu'Abel reste vivant en l'homme celui-ci n'a pas le sentiment d'être coupé de l'unité de toute la vie en l'Éternel. Maintenant (aujourd'hui) il se voit *déraciné* ou *expulsé* de cette unité. Nos plans physique-vital-mental ne peuvent sans Abel voir cette Lumière divine, et l'homme ressent qu'il y a un voile entre lui et cette lumière. Il se sent caché de la face de l'Éternel.

Un passage du Livre de l'Exode au chapitre 34, versets 34-35, explique bien ce que signifie ce voile et pourquoi l'homme souvent le porte : « *Quand Moïse entrait [dans la tente] devant l'Éternel pour lui parler il ôtait le voile jusqu'à ce qu'il sortît et quand il sortait il disait aux enfants d'Israël ce qui lui avait été ordonné. Les enfants d'Israël regardaient le visage de Moïse, et voyaient que la peau de son visage rayonnait et Moïse remettait le voile sur son visage jusqu'à ce qu'il entrât pour parler avec l'Éternel.* » Quand Moïse parle *face à face* avec Dieu il n'a plus de voile devant son visage et lorsqu'il revient dans les circonstances habituelles de la vie, celles de tous les hommes, il a remis un voile. N'est-ce pas très évocateur du voile que portent en général les hommes, traduisant cette méconnaissance de Dieu ?

Cette situation si grande à porter pour Caïn, c'est la nostalgie de ne pouvoir connaître, avoir conscience de, l'*alliance*[79] entre Dieu et sa création. Cette *alliance* fondamentale et éternelle fut révélée à Noé, à Abraham, Isaac, Jacob et Moïse pour que les hommes la connaissent, puis elle fut tout au long de la Bible rappelée par les prophètes pour que les hommes ne l'oublient pas. Elle fut redite par Jésus car les hommes sont ainsi faits qu'ils l'oublient toujours : « *le royaume de Dieu est au-dedans de vous* ». De nos jours où le sens de cette alliance n'est même plus vraiment compris – vu les traductions souvent erronées que donnent nos bibles de cette parole – c'est par la voix de la sagesse hindoue qu'elle nous est rappelée, telle cette parole de Swâmi Vivekânanda proclamée au premier congrès international des religions[80] : « *Hommes, frères, ayez confiance en vous-mêmes, Dieu est en vous.* »

« *Je serai mouvant, errant sur la terre* »

L'instabilité est une caractéristique de la vie de l'homme et cela nous le vivons et le savons tous. Un moment nous pensons ceci et l'instant d'après autre chose, un moment nous imaginons faire une chose et l'instant d'après nous avons changé. Nos pensées sont constamment agitées et instables. C'est pourquoi en Inde le mental de l'homme est souvent comparé à un singe agité qui ne cesse de sauter de branche en branche.

---

[79] En hébreu, le terme *berit* traduit par « alliance » est extrêmement fort. Pour les Hébreux, une alliance était scellée dans un cérémonial, marquant l'union des deux parties afin qu'elles ne forment qu'une seule entité.

[80] Chicago, 1893.

Cette situation d'errance travaille le cœur de tout homme au plus profond de lui-même, qu'il en soit conscient ou non. Djalal al-Din Rumi[81] exprimait cela ainsi : « *Tout être qui est éloigné de sa source aspire à revenir vers elle.* » Or quelle est la source de tout homme, si ce n'est l'immuabilité de l'Éternel lui-même ?

C'est le désir de ne plus se sentir errant, mais au contraire vivre cette alliance et cette stabilité en l'Éternel, qui pousse les hommes à la prière, à la méditation, à la contemplation, à l'adoration, c'est-à-dire à bien agir comme indiqué au verset 7. Chez certains ce désir est si fort qu'ils se mettent en route pour étancher cette soif et rien ne peut les arrêter, mais chez d'autres il reste à l'état latent et ne provoque pas en eux une forte volonté pour tenter d'y répondre. Mais là encore il n'y a aucun jugement de Dieu sur cette attitude car, que l'homme le fasse consciemment ou non, il est de toute façon dans ce cheminement guidé par Dieu pour vivre cette alliance.

### « *quiconque me trouvera me tuera* »

Abel est en nous les plans spirituels et ceux-ci se savent *être dans l'éternité*. Mais sans Abel, qu'il a tué en lui-même, l'homme ne connaît plus cette éternité. Pour lui elle est voilée et naturellement nos plans physique-vital-mental (Caïn) ont peur de la mort. Le plan physique est sans doute celui qui est le moins impacté par cette peur de la mort puisque la matière reste, mais se transforme sous une autre forme. Le plan vital lutte en permanence pour maintenir la vie. C'est l'instinct de survie, tout aussi bien chez l'homme que chez les animaux et les plantes. Le plan mental ne veut pas abandonner ce qu'il connaît et tant qu'il ne renonce pas à tout ce qu'il possède matériellement et intellectuellement, il a

---

[81] Poète mystique et sage du XIIIe siècle en Turquie.

peur de la mort.

Puisque Caïn, qui représente ces trois plans, a tué son frère, il s'imagine qu'en toute autre personne inconnue un ennemi potentiel pourrait se cacher et qu'il pourrait lui faire subir le même sort. Cette perception génère en lui de l'angoisse. Ne sommes-nous pas parfois ainsi ? Ne retrouve-t-on pas ici l'angoisse devant l'inconnu ou l'étranger, dont la Bible nous dit cependant qu'il doit être accueilli lui aussi.

# La rédemption fait partie du chemin
# (v.15-16)

v. 15-a
**LS :** *L'Éternel lui dit : Si quelqu'un tuait Caïn, Caïn serait vengé sept fois.*
**AC :** *IHVH lui dit : Ainsi, tout tueur de Caïn subira sept fois vengeance.*

Reprenons ce que dit A. Chouraqui :
« *IHVH lui dit : Ainsi, tout tueur de Caïn subira sept fois vengeance.* »

Après que Caïn a pris conscience de son erreur et de sa situation, voici l'intervention de l'Éternel et sa miséricorde pour aider l'homme à poursuivre sa montée vers la Vérité de la vie, pour lui permettre de vivre réellement en *gardien de ses frères*.

L'Éternel continue d'instruire Caïn, mais une fois de plus il est nécessaire d'intérioriser cet enseignement pour le bien comprendre. En effet si notre lecture reste au niveau extérieur et voit dans les personnages de cette allégorie uniquement des individus séparés, et dans la relation entre Caïn et Abel, une rivalité jalouse, voilà un verset qui mettrait une telle lecture devant une double contradiction. D'une part elle tordrait définitivement le cou, si besoin était encore, à l'idée qu'Adam et Caïn furent les deux premiers hommes ancêtres de toute l'humanité, comme cela fut enseigné autrefois aux enfants au catéchisme ; mais dans ce cas, d'où viendraient tous ceux qui pourraient trouver et frapper Caïn ? D'autre part, elle nous amènerait à considérer que Dieu fait preuve de partialité. Pourquoi ceux qui tueraient Caïn seraient-ils condamnés plus lourdement (« *sept fois* ») que Caïn lui-même qui a tué son frère ? Ceci paraît tellement illogique.

*« tout tueur de Caïn subira sept fois vengeance »*

« *[Tout] tueur de Caïn* » peut bien entendu évoquer des individus qui tenteraient de porter atteinte à la vie de Caïn, mais il se réfère aussi, et davantage encore, à tout ce qui en l'homme détruit les éléments nécessaires à l'épanouissement de la vie sur la terre. Souvenons-nous que Caïn est justement le serviteur de la vie manifestée sur la terre, qu'il doit se consacrer à la faire vivre du mieux possible. Nous savons bien que si nous n'avons pas une hygiène de vie équilibrée et malmenons notre corps au-delà du nécessaire nous abrégeons le cours de notre existence. Par exemple s'adonner à certains excès dans la nourriture ou la boisson va nécessairement en abréger la durée.

Lorsque l'Éternel parle de « *vengeance* », il ne parle pas d'une vengeance au sens dualiste (œil pour œil, dent pour dent…), mais tout simplement d'une loi de la vie. Nous portons en nous- même les conséquences de nos pensées et de nos actes. Mais ici ces conséquences paraissent graves puisque le texte emploie le chiffre 7, qui dans la Bible est toujours un chiffre symbolique représentant une totalité et un achèvement. Ce chiffre correspond aux sept plans de conscience et de vie évoqués en début de cet essai, donc concerne l'homme dans son ensemble. Sans recourir à la philosophie hindoue nous pouvons également considérer que 7 = 4+3 dans lequel 4 représente les éléments terrestres et 3 l'Esprit, c'est-à-dire l'homme dans toutes les dimensions de son être - visible et invisible. Alors nous voyons que ces comportements, envers soi-même ou envers les autres, sont graves et atteignent aussi l'humanité.

Mais pourquoi transgresser cette loi est-il si grave ? Tout au long du texte nous avons vu que l'homme se heurte en lui-même à des obstacles dans son cheminement vers la connaissance de Dieu, et que malgré ces difficultés, c'est sa vocation de vivre ce chemin, qui est son « *destin surnaturel* » selon les mots de Saint Augustin. Se tromper lors de cette pérégrination est pardonnable parce que toujours corrigible et c'est bien ce qui arrive pour Caïn et aussi en chacun de nous. Par contre tuer Caïn, c'est-à-dire tuer la base même de la vie sur la terre, ne peut être corrigé de la même manière parce que définitivement contraire à la loi de la création. Caïn est notre socle de la vie, il est sa base qui permet l'élévation vers l'Esprit. « *C'est seulement ici, dans la vie terrestre où se heurtent les contraires, que le niveau général de conscience peut s'élever* » disait C.G. Jung. Frapper ou tuer ce socle ne permet plus cette élévation et c'est pourquoi c'est si grave et pourquoi l'homme doit en prendre soin : « *Le mal que l'on fait au corps c'est un mal que l'on fait à l'Esprit.* »[82]

---

[82] Mâ Sûryânanda Lakshmî, conférence du 2 mai 1992 à Giez (Suisse).

v. 15-b

LS : *Et l'Éternel mit un signe sur Caïn pour que quiconque le trouverait ne le tuât point.*

AC : *IHVH met un signe à Caïn pour que tous ceux qui le trouvent ne le frappent pas.*

Avec l'habitude humaine de toujours regarder vers l'extérieur nous nous imaginons que ce signe est mis *sur* Caïn, donc destiné à être vu par les autres hommes. Ce serait comme un tatouage-talisman protecteur qu'il porterait ostensiblement et qui aurait pour but d'empêcher quiconque de le tuer. Il est important de souligner que le texte hébreu ne dit pas que ce signe est mis *sur* Caïn, mais est mis *à* Caïn ou *pour* Caïn, ce qui signifie qu'il n'est pas forcément visible par les autres hommes. Rappelons-nous que Dieu « *ne considère pas ce que l'homme considère ; l'homme regarde ce qui frappe les yeux, mais l'Éternel regarde au cœur* ».[83] Aussi c'est au cœur que nous devons nous efforcer de regarder pour tâcher de comprendre le sens de ce verset.

L'Éternel « *met un signe* »…

Dans la Bible lorsque l'Éternel donne aux hommes un *signe*, c'est le témoignage d'une révélation. Par exemple la révélation de l'alliance entre Dieu et les hommes fut à chaque fois accompagnée d'un signe tangible, donné à Noé (l'arc-en-ciel ; Genèse 9:13-17), à Abraham (la circoncision ; Genèse 17:10-13) et à Moïse (l'arche d'alliance ; Exode ch. 25). Si ce signe-témoignage prend une forme visible sur le plan matériel c'est pour que celui qui le reçoit puisse mieux l'intégrer dans sa vie, et en même temps pour que cette manifestation du divin soit plus aisément témoignée à tous les hommes. Ainsi elle pourra être mieux ad-

---

[83] I Samuel 16:7.

mise par eux, et ils pourront s'en souvenir. Mais force est de reconnaître que, si les hommes ont eu connaissance de cette révélation, ils ne l'ont pas toujours comprise, loin de là. Ils en ont fait comme le dit Jésus dans l'Évangile de Marc (7:8) « *une tradition des hommes* », au lieu de comprendre que c'est l'Esprit qui s'est manifesté.

Notre récit ne dit rien sur la nature de ce signe. Le terme hébreu traduit par « signe » veut également dire « prodige, preuve, avertissement ». Le verbe שום *(soom)*, qui est traduit habituellement par « mettre », a quantité de significations qui sont intéressantes à noter : « placer, mettre, mettre dans une direction déterminée, diriger, établir, faire que, tracer, écrire, instituer, fixer ». Ce que l'Éternel place en Caïn n'est pas quelque chose là-dehors mais représente la transformation et la nouvelle orientation de sa conscience, tracée/dirigée/établie par l'Éternel. Cette nouvelle orientation de sa conscience a pour corollaire qu'il ne peut être tué car c'est désormais la vie qui prime avant tout. C'est sans doute pour cela que L. Segond dans sa première édition de la Bible a traduit ce verset autrement[84] :

« *Et l'Éternel fit connaître à Caïn que quiconque le trouverait ne le tuerait point.* »

En quoi consiste cette connaissance, ou cette révélation, que Caïn ne puisse être tué ?

Maintenant Caïn sait que ce signe/prodige/avertissement vient de Dieu. Autrement dit, cette révélation, il la comprend comme

---

[84] Première édition de 1874. La révision de 1910, la plus connue, n'est pas due à Louis Segond lui-même car elle a été effectuée après son décès survenu en 1885, alors que de son vivant il n'avait pas voulu que sa traduction soit retouchée.

étant l'annonce de sa propre transfiguration. Elle lui enseigne, et enseigne à tous les hommes, que ces possibles faux pas, ou erreurs d'appréciation, sont partie intégrante de la création. Ceci ne peut donc avoir comme conséquence la mort et la disparition des hommes sur la terre car *« le dessein de Dieu n'est pas la destruction de l'humanité mais sa transfiguration »*[85]. Alors ces faux pas n'empêchent nullement l'homme de poursuivre son ascension vers la *« Lumière incréée »* selon l'expression de l'archimandrite Sophrony tout en sachant que cette possible ascension et cette Lumière sont de toute éternité, comme le dit la Bhagavad-Gita (2:16) : *« Ce qui réellement existe ne peut cesser d'exister ; de même ce qui est non existant ne peut commencer d'exister. »*

Cette révélation est une grâce donnée par Dieu aux hommes pour les inciter à s'engager dans une nouvelle orientation de conscience et de vie. Cela nous permet de ne plus être enfermé dans la peur, ni dans la perception du monde dominée uniquement par notre ego comme les versets précédents l'avaient soulignée. Caïn sait qu'il est *pardonné,* c'est-à-dire *libéré de l'emprisonnement*[86], de cette erreur de perception de la vie. Aidé désormais par cette grâce et cette miséricorde, l'homme est appelé à sans cesse vaincre cet emprisonnement *« car le seul véritable esclavage est celui du péché. »*[87] Mais pour cela il va devoir continuer son chemin.

À partir de ce moment, même si la route de Caïn est jalonnée par la connaissance de son faux pas, cela ne signifie pas forcé-

---

[85] Mâ Sûryânanda Lakshmî dans une conférence.

[86] Car tel est le sens étymologique du pardon.

[87] Sophrony

ment qu'il ne le commettra plus jamais, car nous savons bien que nous retombons souvent dans le même travers avant de pouvoir vraiment nous en libérer. Cette miséricorde n'est pas sur Caïn seul, elle est en tout homme, accompagne chacun de nous car elle fait partie de la vie.

Ainsi ce verset, loin de rendre compte de la punition infligée par Dieu aux hommes, nous parle de la miséricorde divine qui ne condamne pas les faux pas de l'homme et de l'humanité, mais affermit en eux leur vocation de monter vers cette Lumière et se connaître comme fils de Dieu, ce qui est une *transfiguration* de la loi de la dualité reconnue dans l'épisode du jardin d'Éden.


v. 16-a
LS :  *Puis Caïn s'éloigna de la face de l'Éternel*
AC :  *Caïn sort faces à IHVH*


Caïn avait un court moment accédé aux plans supérieurs de  sa conscience pour que l'Éternel puisse l'instruire. Maintenant,  il *s'éloigne des faces de l'Éternel,* littéralement il sort de l'intimité qu'il avait avec Dieu, mais doit quand même continuer sa route.

Le ressenti de cet éloignement nous le vivons tous à un moment ou un autre lors de notre quête spirituelle. Mais cet éloignement n'est qu'apparent car en réalité Dieu est toujours là. Cet éloignement est non seulement un fait mais une aide absolument nécessaire pour que l'homme ne s'égare pas dans des illusions d'une fausse vie spirituelle et qu'il puisse toujours monter vers le Seigneur, comme l'explique le poème de R. Tagore déjà cité :

*« Parfois [...] tu te dérobes de devant moi. / Jour après jour tu
me formes digne de ton plein accueil : en me refusant toujours et
encore, tu m'épargnes les périls du faible, de l'incertain désir. »*


v.16-b
**LS** : *Et habita dans la terre de Nod à l'orient de l'Éden.*
**AC** : *Et demeure en terre de Nod au levant de l'Éden.*


Cette seconde partie du verset qui conclut le texte est très
importante mais elle a été généralement ignorée par les exégètes.
C'est regrettable car ce qu'il est convenu d'appeler « une chute »
en fin d'un récit est, soit un révélateur, soit une confirmation de
son sens. L'allégorie tout entière n'aurait pas de sens sans la
révélation de cet achèvement.


Il *demeure en la terre de Nod*. Cette contrée, comme l'indique
clairement le terme hébreu נוד *(nod)* est celle de l'*errance*[88],
conformément à ce que l'Éternel lui avait annoncé au verset 12.
Plutôt qu'une contrée spécifique sur la terre, ce terme exprime
une fois de plus la situation ou l'état intérieur dans lequel les
hommes sont en général établis, là où ils *demeurent*.


Cependant cette errance n'est pas totale et définitive car le texte
ajoute que cette contrée est « *à l'orient de l'Éden* ». Cette
précision, qui n'est pas géographique, indique à l'homme dans
quelle direction il doit regarder. De tout temps l'Orient ou Levant
désigne le lieu d'où va jaillir la lumière, le renouvellement du

---

[88] Dans son encyclopédie, A. Chouraqui écrit : « *Ce nom symbolique qui signifie errance interdit d'y voir une réalité géographique précise.* »

jour et, par extension, le renouveau de la vie. L'Orient[89] c'est ce qui apporte la lumière, la lumière physique mais aussi celle de l'Esprit, celle de la connaissance de Dieu, la lumière en nous. *Éden*, en hébreu, vient d'une racine signifiant « délices, charme, agrément ». Cet « *orient de l'Éden* », c'est non seulement l'imminence d'un renouveau possible mais aussi l'espérance et la promesse d'une joie, d'un bonheur et d'une paix que chaque homme est appelé à vivre.

Il peut sembler y avoir une contradiction entre l'espérance de cette rédemption, et ce que Dieu dit et fait à la fin du chapitre 3 de la Genèse (v. 22-23) : « *Voici, l'homme est devenu comme l'un de nous pour la connaissance du bien et du mal. Maintenant de peur qu'il n'envoie aussi sa main et ne prenne de l'arbre de vie, n'en mange, et vive éternellement, Dieu le chasse du jardin d'Éden.* » Ceci signifie qu'après sa naissance à la connaissance de la dualité, donc à sa descente dans *la forme* avec la connaissance du bien et du mal (voir l'introduction), l'homme est chassé de l'Éden pour qu'il n'ait pas spontanément accès à l'arbre de vie pour connaître l'Éternité. Mais immédiatement après l'énoncé de cette loi de la vie sur la terre, Dieu révèle à l'homme – par l'allégorie de Caïn et Abel – quelle doit être sa démarche pour qu'il puisse un jour accéder pleinement à cette vie en Éternité qui est au-delà de la forme, à cette dimension plus vaste et plus heureuse de la vie. Il lui donne aussi Sa grâce en soutien de cette démarche pour qu'il voie Sa gloire comme l'a dit le Christ : « *Père, je veux que là où je suis, ceux que tu m'as donnés soient aussi avec moi, afin qu'ils voient ma gloire, la gloire que tu m'as donnée, parce que tu m'as aimé avant la fondation du monde.* » (Jean 17:24)

---

[89] Ce n'est pas pour rien qu'au Moyen Âge le chœur de toutes les églises était orienté vers le Levant.

Ce dernier verset, en continuité avec l'ensemble du récit, rend compte du double mouvement de la vie sur la terre et en l'homme : sa descente dans la forme révélée par le récit de la création (Genèse ch. 1 à 3) et sa remontée possible vers l'Éternel enseignée par le récit de Caïn et Abel. S'il n'y avait pas ce double mouvement, comment l'homme pourrait-il connaître le Bonheur et la Joie de vivre l'aventure du retour vers cette vie éternelle ? Nous savons bien que nous sommes heureux de retrouver le printemps parce qu'il y a eu l'hiver, que nous sommes heureux de retrouver le jour après la nuit.

Dans ce mouvement éternellement circulaire, l'homme a aussi son rôle à jouer pour monter vers cet amour pour tous ses frères et en être gardien. Il doit faire l'effort d'avancer vers cette Lumière qui est sa connaissance d'être fils de Dieu, malgré les multiples obstacles qu'il rencontrera en lui-même, et quoi qu'il arrive, de toujours poursuivre dans cette voie. Après le récit de la création, cette brève aventure de Caïn et Abel s'intègre dans ce mouvement et *révèle à l'homme* quel est le but de sa vie, malgré toutes les erreurs qu'il pourrait commettre, et que ce but c'est sa transfiguration, corollaire d'une vie de gardien de ses frères.

Cette démarche, on la retrouve dans l'aventure que doit vivre Abram (Ge.12 ;1-5) lorsque Dieu lui dit *: « Va-t'en de ton pays et de ta parenté [...] dans le pays que je te montrerai [...] Et ils partirent pour aller dans le pays de Canaan »*. Ce pays ( כְּנַעַן ) n'est pas avant tout un lieu géographique pour lequel on se bat encore de nos jours, mais une façon d'être, de vivre et de devenir, car sa racine signifie « terre basse, être bas, s'humilier ». L'homme doit s'engager dans cette marche intérieure vers l'humilité et l'effacement de lui-même, c'est-à-dire qu'il ne tue plus Abel. Quels que soient tous les éléments - intérieurs et extérieurs - de son  passé auxquels il serait attaché, l'homme doit les abandonner pour s'acheminer vers ce but qu'il ne connaît pas a priori et qui est *de trouver Dieu*. Ceci impose de se libérer de son attachement à son passé et à son ego, comme l'a dit Jésus : *« Si quelqu'un veut venir après moi qu'il renonce à lui-même »*[90]. C'est la condition pour connaître le pays de Canaan, *« où coulent le lait et le miel »*.[91]

Cette loi a traversé toute l'histoire de l'humanité, elle est éternelle et universelle car, comme le dit Mâ Sûryânanda Lakshmî : *« Ceci est, depuis la fondation du monde, l'articulation même de la loi de la création. »* Jésus, qui est le rédempteur de la vie et des hommes, nous dit aussi que cette rédemption est perpétuelle : *« En vérité, en vérité, je vous le dis, avant qu'Abraham fût, je suis »*[92]. Cette parole nous dit clairement que la rédemption n'est pas dans le temps, c'est-à-dire qu'elle serait seulement vraie à partir d'un certain âge de l'humanité, que ce soit dans le passé ou dans le futur. Le prophète Ésaïe avait déjà souligné cela : *« C'est toi, Éternel, qui est notre père, qui dès l'éternité, t'appelles notre rédempteur »*.[93] L'Éternel est à la fois le créateur et le rédempteur, au travers de nous-même et de l'humanité.

Souvenons-nous qu'il existe une continuité dans les textes bibliques et qu'au dernier verset du chapitre 3 de la Genèse, il est dit que c'est à *« l'orient de l'Éden »* que l'Éternel a placé : *« des chérubins qui agitent une épée flamboyante pour garder le chemin de l'arbre de vie »*. Que signifie cela ?

---

[90] Matthieu 16:24.

[91] Ce qualificatif désigne le pays de Canaan. Le lait et le miel sont le symbole de la douceur et de la suavité divines.

[92] Jean 8:58.

[93] Ésaïe 63:16.

Tout d'abord admettons avec Mâ Sûryânanda Lakshmî que le mot « ange », synonyme de « chérubin », vient du grec *angelos* qui signifie « messager ». *« C'est un élément soudainement perceptible et sensible à notre conscience, une vision lumineuse qui apparaît dans une vision spontanée, un messager de l'Esprit. L'ange est une personnification des énergies spirituelles, une cristallisation spirituelle de la lumière supra-consciente éternelle et infinie ».* Notons ensuite que le verbe hébreu utilisé ici veut non seulement dire « garder » mais aussi « surveiller » et « faire attention à ». Il a donc un sens positif signifiant que ces anges chérubins n'ont pas comme fonction de barrer ou d'interdire l'accès à l'arbre de vie, mais avant tout de *conduire l'homme* sur ce chemin. D'ailleurs ce serait incohérent et tellement illogique de dire que ces énergies spirituelles ont pour rôle de barrer ce chemin.

Cette métaphore de *l'épée flamboyante* est reprise dans le Livre de l'Apocalypse (1,16) : *« Je vis quelqu'un qui ressemblait à un fils d'homme, vêtu d'une longue robe et ayant une ceinture d'or sur la poitrine. De sa bouche sortait une épée aiguë à deux tranchants ; et son visage était comme le soleil lorsqu'il brille dans sa force. »* Cette épée flamboyante qui sort de sa bouche c'est à la fois la Parole et la Lumière de Vérité qui tranche l'ignorance de l'homme qui méconnaît sa propre Vérité de *fils de Dieu*.

Le texte dit que les anges « *agitent* » cette épée, c'est-à-dire qu'ils ne sont pas inactifs et que l'homme doit se confronter de multiples fois avec cette parole et cette lumière afin de connaître sa situation, son ignorance et son erreur, pour se connaître en Vérité. Bien que Caïn soit dans l'errance – comme il nous arrive à tous de l'être parfois – il est en même temps toujours à l'orient de l'Éden. Quand le moment sera venu il sera prêt pour se confronter à nouveau avec l'épée de ces anges chérubins et peut-être faire un pas de plus sur ce chemin. Ainsi, même s'il ne perçoit peut-être pas encore que la lumière du renouveau – la transfiguration – est possible, celle-ci demeure à tout jamais présente, toujours actuelle en lui comme en nous : « *au levant de l'Éden* ».

*Ce récit de Caïn et Abel est donc le récit d'une ascension de l'homme vers la connaissance de lui-même et de l'Eternité, avec toujours une rédemption de ses erreurs sur ce chemin, et surtout sa possible transfiguration.* C'est par cette transfiguration qu'il devient pleinement *gardien de ses frères*. Toute cette aventure est un enseignement sur la vie et apprend à l'homme quel doit être son chemin pour connaître ici-bas la vie en Eternité, corollaire d'un amour pour toute la création. Cet enseignement lui apprend également que malgré tous ses efforts pour avancer sur ce chemin, c'est Dieu, et Lui seul, qui le conduit vers cette transfiguration. Les saints et sages ont compris cela et c'est pourquoi Shrî Aurobindo répétait à ses disciples :
« *En avant, toujours en avant, au bout du tunnel il y a la Lumière, au bout du combat il y a la Victoire.* »

# Conclusion : une aventure universelle

Dans l'interprétation de ce passage de la Genèse, la tradition rabbinique a voulu retenir le récit de la jalousie fraternelle et du premier meurtre de l'humanité avec une morale découlant de cet acte. Certains y ont vu le sens de la rivalité entre les peuples sédentaires, représentés par Caïn, et les peuples nomades, représentés par Abel, avec le sentiment d'une préférence de l'Éternel pour les peuples nomades, comme l'était – et se considère encore en grande partie – le peuple juif. Quant à la tradition chrétienne, elle a fait sienne la première interprétation. Mais au-delà de ces traditions il faut considérer que « *l'objet, le seul objet, des Écritures sacrées c'est Dieu en l'homme, la progression de l'Esprit, de la Lumière Divine en l'homme, et non pas l'homme sur la terre.* »[94] C'est pourquoi nous avons souhaité offrir une autre perspective de ce texte biblique plutôt que considérer qu'il nous parlait uniquement des passions humaines, n'offrant à l'homme d'aujourd'hui aucune réponse aux questions qu'il se pose sur le sens de sa vie, sur sa propre quête spirituelle et celle de l'humanité.

---

[94] Conférence de Mâ Sûryânanda Lakshmî donnée à Paris le 17 mai 1987.

Sans vouloir enlever la possible réalité historique aux personnages, force est de constater que les textes bibliques sont souvent plus logiques et plus éclairants quand on les dépersonnalise, en considérant ces personnages, non pas comme des individus, mais comme des composantes, des facettes, des plans de conscience de l'homme en général. Mais notre époque a du mal à aborder les textes bibliques de cette manière car l'individualisation progressive et prépondérante des hommes a provoqué un endurcissement de la conscience qui l'empêche de voir et d'entendre, de comprendre et d'être guérie, comme le dit l'Écriture : « *Vous entendrez de vos oreilles et vous ne comprendrez point ; vous regarderez de vos yeux et vous ne verrez point. Car le cœur de ce peuple est devenu insensible ; ils ont endurci leurs oreilles et ils ont fermé leurs yeux, de peur qu'ils ne voient de leurs yeux, qu'ils n'entendent de leurs oreilles, qu'ils ne comprennent de leur cœur, qu'ils se convertissent et que je les guérisse.* »[95]

Nous avons vu que cette allégorie est relative à la vocation de l'homme au plus profond et au plus essentiel de lui-même, laquelle est de toujours monter vers Dieu, condition pour devenir réellement gardien de ses frères. Le texte a mis le doigt sur l'obstacle permanent qu'il rencontre dans cette démarche et que chaque homme rencontre nécessairement sur la terre. Cet obstacle est source d'un possible faux pas, parfois tragique, mais il est en même temps l'occasion de lui apprendre comment il peut progresser avec l'aide de la miséricorde et la compassion divines qui sont toujours présentes quelles que soient ses erreurs dans son cheminement.

Cette essence de la vie de l'homme avec ses deux faces que sont en nous Caïn et Abel, son processus de vie avec ses obstacles et leurs dépassements, sont universels.

---

[95] Matth. 13:14-15.

L'Inde les également merveilleusement révélés sous la forme d'un Dieu : Ganesha. Avec son gros ventre et sa tête d'éléphant, son effigie très familière est répandue partout dans ce pays où il fait l'objet d'une grande dévotion. « *Ce Dieu représente l'appel à la force spirituelle par opposition à la confiance en la force matérielle, la puissance de la grâce divine par opposition à l'effort humain. Aussi est-il le Guide, le Seigneur des obstacles qui, à la fois suscite ces obstacles pour l'entraînement spirituel de l'homme et enseigne à les surmonter.* »[96] Nous voilà devant une même révélation que celle de notre allégorie biblique, bien que transmise sous une autre forme.

Ce récit de l'aventure de l'homme et de l'humanité, qui a été exposée pour la première fois dans ce chapitre 4 du Livre de la Genèse, sera rappelé tout au long de l'Ancien Testament à travers les multiples combats, victoires aussi bien que défaites, et longues errances que vivront les fils d'Israël en route pour conquérir le pays « *où coulent le lait et le miel* ». Et il existe bien des éléments communs entre le récit de cette grande épopée et celui que nous venons d'examiner.

Ce cheminement et ce combat, révélés par les prophètes, sont pleinement accomplis par le Christ comme il l'a lui-même révélé « *Ne croyez pas que je sois venu pour abolir la loi ou les prophètes ; je suis venu non pour abolir, mais pour accomplir.* »[97]. Cet accomplissement, ne doit pas être compris dans une référence à l'histoire mais demeure éternellement en l'homme comme Jésus lui-même l'a enseigné, « *Avant qu'Abraham fût, je suis* », ou encore : « *Père, tu m'as aimé avant la fondation du monde.* »

---

[96] Jean Herbert, *Spiritualité hindoue*, Albin Michel, 1972, p. 333.
[97] Mt 5:17.

Il est aussi merveilleux de voir que ce qui nous est rapporté dans le Livre de la Genèse se retrouve confirmé dans le dernier livre de la Bible, le Livre de l'Apocalypse de Jean qui malheureusement a été en général fort mal compris. Mâ Sûryânanda Lakshmî a consacré une grande partie de sa vie à l'étude de ce texte et en a fait une remarquable exégèse spirituelle. Loin d'y voir le récit des cataclysmes et catastrophes qui attendent l'humanité à l'horizon de l'histoire, elle y voit la peinture d'une fresque grandiose : « *la Révélation de ce combat de l'homme et de Dieu en l'homme* ».

Le terme « apocalypse » vient du grec *apokálupsis* qui signifie « la révélation de ce qui est caché ». Si nous croyons que les textes sacrés ne parlent pas du destin de l'homme sur la terre, mais *du cheminement de Dieu en l'homme*, l'Apocalypse est autre chose qu'une prophétie terrestre, mais parle de la lutte intérieure – ce qui est caché – que l'homme doit affronter pour monter vers la connaissance de Dieu : « *L'Apocalypse est la description minutieuse du chemin mystique que doit suivre l'humanité tout entière, de son commencement à sa fin, pour parvenir à la connaissance de l'Éternel au fond de soi.* »[98]

Cette Révélation conclut merveilleusement le récit du Livre de la Genèse et enseigne à l'homme que, malgré ses tribulations, l'issue de ce combat est l'accomplissement de la promesse de manger de l'arbre de vie, donc aller vers la connaissance du Divin :

« *À celui qui vaincra, je donnerai à manger de l'arbre de vie qui est dans le paradis de Dieu.* »[99]

---

[98] Mâ Sûryânanda Lakshmî, *Foi chrétienne et spiritualité hindoue*, Ed. Noutte Genton-Sunier, 1981, p. 50.

Et en toute fin du texte de l'Apocalypse, l'image qui est donnée de cet arbre confirme ce que la Genèse avait préparé en parlant de « vie en Éternité » :

« *Sur les deux bords du fleuve il y avait un arbre de vie, produisant douze fois des fruits, rendant son fruit chaque mois, et dont les feuilles servaient à la guérison des nations.* »[100]

Ce livre, par le fait qu'il est le dernier de la Bible, nous indique que ce chemin est long pour l'homme et pour l'humanité et demande beaucoup de persévérance, tout en sachant que tous les hommes ne le vivent pas de la même manière. Dans son introduction, Jean nous indique d'ailleurs que pour y parvenir l'homme ne peut échapper ni à l'épreuve, ni à la persévérance en vue d'un accomplissement dans le Royaume : « *Moi, Jean, votre frère et votre compagnon dans l'épreuve, le royaume et la persévérance en Jésus, j'étais dans l'île de Patmos* »[101]. Cette nécessaire persévérance est importante car évoquée une vingtaine de fois dans d'autres passages dans la Bible.[102]

Si nous nous efforçons de lire l'allégorie de la Genèse, comprenant celle de Caïn et Abel, au profond de notre âme, tout en

---

[99] Apocalypse 2:7.

[100] Apocalypse 22:2.

[101] Apocalypse 1:9.

[102] Par exemple : Daniel 6:6 : « *Après avoir jeté Daniel dans la fosse aux lions, le roi lui dit : Puisse ton Dieu que tu sers avec persévérance, te délivrer.* » Év. de Luc 21:19 : « *Par votre persévérance vous sauverez votre âme.* » Ép. Hébreux 6:12 : « *Nous désirons que chacun de vous [...] imitiez ceux qui par la foi et la persévérance héritent des promesses.* »

ne craignant point de jeter un regard du côté des autres Sagesses, nous voyons que cette lecture instaure une compréhension nouvelle de l'enseignement de toute la Bible. Entreprendre cette exploration, c'est cheminer pour découvrir le *sanctuaire de la vie* révélant l'éternelle fraternité entre tous les êtres vivants. Dans cette exploration il a été possible de *découvrir de merveilleuses contrées mais largement ignorées de nos jours. Quand en elles a jailli une source fraî*che, c'est un bonheur de la partager avec nos lecteurs et c'est en même temps une indication que les aridités rencontrées ne sont qu'une apparence.

Cette aventure est universelle pour l'homme tant dans le temps que dans l'espace. En ce sens, elle sommeille au fond de la vie, au fond de nous pour nous révéler la Vérité de ce que nous sommes, dans la paix et la sérénité. « *Tant que l'homme recherche le salut et l'éternité à l'extérieur de lui-même, il s'égare dans les difficultés sans nombre. Mais quand il se recueille et contemple au fond de soi l'amour et la perfection du Divin qui l'habitent, il trouve l'Infini et la Sérénité .* »[103]

---

[103] Mâ Sûryânanda Lakshmî, *Journal Spirituel*, op.cit. p. 92.

# ANNEXE I

## Brève biographie[104] et ouvrages édités
## de Noutte Genton-Sunier appelée
## Mâ Sûryânanda Lakshmî

Comme elle a été abondement citée dans cet essai et qu'elle en a été l'inspiratrice, que sa parole et ses écrits s'adressent avant tout à un public occidental, nous voulons ici lui rendre hommage tout en offrant au lecteur la possibilité de poursuivre et approfondir sa quête spirituelle avec l'aide de son enseignement.

Noutte Genton-Sunier naît à La Haye, en Hollande, le 19 mars 1918, dans une famille protestante, puis à l'âge de trois ans elle va avec ses parents habiter en Suisse où elle demeurera toute sa vie. Conjointement à ses études, elle étudie la musique – piano et chant – dans le répertoire classique.

À l'âge de 20 ans, elle rencontre Jean Herbert, le spécialiste français de la spiritualité hindoue et traducteur en français de quelques-uns des plus grands sages de l'Inde des XIXe et XXe siècles. Il lui fait parvenir quelques livres de ces sages et ce contact éveillera en elle la réponse aux questions qu'elle se posait sur le sens de sa vie. Cette ouverture la conduira sur un chemin de la plus haute valeur spirituelle, vécu selon la voie de cette spiritualité. Quelques années plus tard, elle publie son premier livre

---

[104] Pour plus de détails, voir l'opuscule de Mâ Sûryânanda Lakshmî, *Notes biographiques - Rencontre avec Noutte Genton-Sunier*, éd. Noutte Genton-Sunier, 1991.

dans la collection « Spiritualités vivantes » chez Albin Michel.

1945, elle épouse Anselme Genton, médecin, et le couple aura quatre enfants. En décembre 1947, elle écrit à Shrî Aurobindo pour lui demander de l'accepter comme disciple et de la guider de loin puisqu'elle ne peut se rendre en Inde. Il y consent.

Alors que sa santé ne s'améliore pas, son mari l'envoie consulter un confrère à Genève. Dans une église proche de son lieu de rendez-vous, elle vit sa première vision du Christ lui disant : « *Va jusqu'au bout de ton expérience hindoue, tu me reviendras ensuite, ton rôle est d'unir l'Orient et l'Occident.* » Au printemps 1948, suivant les conseils du médecin, elle part se reposer seule pendant deux mois dans une petite auberge montagnarde. Là, elle méditera 16 heures par jour et vivra de multiples expériences mystiques, extases ou samâdhis, toujours guidée par Shrî Aurobindo, son maître, et parfois par Shrî Râmakrishna, un autre très grand maître de l'Inde.

Après cela elle poursuit au sein même de sa famille, dans son vécu quotidien d'épouse et de mère, une vie spirituelle intense qu'elle note régulièrement et qui deviendra la base de plusieurs de ses ouvrages. Shrî Aurobindo lui donne son nom de « Sûryânanda Lakshmî » signifiant « Béatitude de la Lumière et Opulence divine », et Mâ Ananda Moyî y ajoutera le nom de « Mâ », la « Mère Divine ».

À l'insu de tous ses proches elle vit de très nombreuses extases qu'elle consigne dans son *Journal Spirituel*. Elle se consacre à vivre et écrire des exégèses de nombreux passages de l'Ancien et du Nouveau Testament, ainsi que plusieurs des principaux textes sacrés de l'Inde. À partir de 1965 elle se penche sur le Livre de l'Apocalypse et son commentaire spirituel de ce livre deviendra ensuite comme un testament de son enseignement.

En 1970 elle est appelée à donner une première conférence publique qui sera suivie de très nombreuses autres dans plusieurs villes en Suisse et en France. Au total, elle aura donné plus d'un millier de cours ou conférences dans lesquels elle a su faire partager à son public une compréhension spirituelle des textes sacrés tant chrétiens qu'hindous, et c'est pour cette raison que l'ensemble de cet enseignement fut présenté sous le titre *Foi chrétienne et spiritualité hindoue*.

Elle fut effacée de la terre en 1996. Celles et ceux qui l'ont côtoyée dans ce monde se souviennent de son regard et de son sourire remplis d'amour et habités par la paix.

## Ouvrages édités

*Quelques aspects d'une Sâdhanâ*, Albin Michel, Paris, 1963

*Les Sentiers de l'âme*, Ed. Noutte Genton-Sunier 1974, réédition 1988

*Exégèse spirituelle de la Bible. Apocalypse de Jean*, La Baconnière, 1975

*Qui est Dieu ?* (Brochure illustrée pour les enfants), Ed. Noutte Genton-Sunier, 1975

*Journal Spirituel*, La Baconnière, 1978, réédition 2001

*Foi chrétienne et spiritualité hindoue*, tome 1, Ed. Noutte Genton-Sunier, 1981

*Le Voilier Rouge - Les Vitraux du Saint Portique*, Ed. Noutte Genton-Sunier, 1984

*Six Poèmes de Shri Aurobindo*, Ed. Noutte Genton-Sunier, 1985

*L'Ascension de Jésus-Christ*, La Baconnière, 1986

*Foi chrétienne et spiritualité hindoue*, tome 2, Ed. Noutte Genton-Sunier, 1989

*Notes biographiques,* Ed. Noutte Genton-Sunier, 1991

*Une Offrande de nous-même*, Terre du Ciel, 1995

*Le Yoga de la Princesse Kuntî*, La Baconnière, 1996

*Apocalypse de Jean*, Ed. Noutte Genton-Sunier, 2016

*Nota : de nombreuses conférences sont disponibles gracieusement en audio sur internet.*

# ANNEXE II

## Définition des sept plans de la conscience selon la Sagesse de l'Inde et Mâ Sûryânanda Lakshmî[105]

1/ La conscience physique, ou instinct, entièrement et passivement soumise à la loi transcendante matérialisée en elle.

2/ La conscience vitale, ou énergie créatrice, également subordonnée à la volonté unique du Créateur.

3/ La conscience mentale, ou « image de Dieu », siège de la différenciation.

4/ La conscience affective, centre de l'adoration et principe de la perception intuitive, qui conduit à la vision supra-mentale.

5/ La conscience supra-mentale, ou intuition mystique, début de la vision lumineuse surnaturelle en l'homme. C'est là que commence en lui le règne du Verbe de vérité, une fois que l'agitation du langage mental dominé par les dualités est apaisée.

6/ La conscience spirituelle rayonnante et régénératrice qui enfante le moi individuel à la perfection de sa nature supra-consciente.

7/ La supraconscience éternelle et infinie, silence de la béatitude dans l'authenticité parfaite de l'Absolu.

---

[105] Mâ Sûryânanda Lakshmî, *Exégèse spirituelle de la Bible*, op. cit. p. 82.

# ANNEXE III

# Dieu est Un
# ou les faces de l'Éternel

Dans la version hébraïque de l'Ancien Testament le terme fréquemment utilisé *« faces »* est toujours au pluriel. Lorsqu'il s'agit de l'homme on peut y voir l'expression que l'homme a de nombreux visages, de nombreux personnages en lui-même. Mais lorsqu'il s'agit de Dieu, que peut-il signifier ?

Dans ce texte original, Dieu a plusieurs noms. Parmi eux, les deux noms les plus souvent utilisés sont d'une part יְהֹוָה translit-téré « Yahweh » ou « Yéhovah » mais que nous écrirons simplement « *IHVH* » en reprenant les quatre lettres de l'hébreu ; et d'autre part אֱלֹהִים translittéré « *Elohîms* ». Très souvent ils sont associés, tels que « *IHVH nos Elohîms* » ou simplement « *IHVH-Elohîms* ». La terminaison du nom « Elohîms » exprime un pluriel[106], mais le verbe utilisé avec ce sujet est toujours au singulier dès lors qu'il désigne le Dieu du peuple hébreu[107]. Pourquoi ces

---

[106] Ce pluriel est rendu en français en ajoutant un « s », comme dans la Bible de A. Chouraqui.

[107] Par contre lorsque l'Ancien Testament veut parler des idoles, qu'elle nomme les Dieux des autres peuples, elle utilise ce même mot « Elohîms » mais avec un verbe au pluriel.

deux noms dont l'un est au pluriel associé à un verbe au singulier, et quel est leur sens ?

Les linguistes voient dans le pluriel de ce nom « Elohîms » une marque de « superlatif intensif » ou de « pluriel de majesté », ce qui dispenserait de mettre le verbe au pluriel. Nous voulons bien l'admettre, mais s'agissant d'un texte sacré il paraît normal de s'interroger plus à fond sur cette tournure originale et l'appréhender de manière plus vaste que ne le font nos raisonnements intellectuels, si savants soient-ils. Quant à ce double nom, pourquoi ? Là encore nous verrons que s'il existe une réponse des exégètes qui peut paraître satisfaisante, en réalité elle ne l'est qu'en apparence.

C'est dans le fameux passage du Deutéronome 6:4 – profession de foi de tout juif croyant – que nous pouvons trouver une première réponse. Ce passage a été très souvent mal traduit et nous corrigeons ici les traductions les plus connues (Bible Jérusalem. et L. Segond) qui disent « *Écoute, Israël ! l'Éternel, notre Dieu, est le seul Éternel* », ce qui donne un sens restrictif et exclusif qui n'est pas dans l'hébreu. Ce passage, transcrit mot à mot depuis l'hébreu, dit au contraire ceci :
*Écoute Israël : IHVH, nos Elohîms, IHVH, Un.*

Voir dans ce « *Un* » le fait que ces deux noms désignent le même Dieu est un premier niveau de compréhension, mais nous pouvons aller plus loin puisqu'il s'agit de la parole de Dieu. Il faut y chercher une signification sur la nature même du Divin : Il est *Un*.

Nous retrouvons ici la parole du Christ : « *Moi et le Père nous sommes UN.* »[108]

---

[108] Jean 10:30.

Cela exprime beaucoup plus que la notion très familière en Occident d'un Dieu *unique*. En effet selon le sens que le dictionnaire donne à ce terme, cela laisse entendre une comparaison, donc l'existence de quelque chose extérieur à Lui, ce qui serait paradoxal car si Dieu est *Un,* Il ne peut être également que *Tout*, logiquement.

En même temps que l'Unité, ce verset exprime la multiplicité du Divin par ce nom *Elohîms* au pluriel avec un verbe au singulier. D'ailleurs il n'est qu'à observer la vie sur la terre pour voir concrètement cette diversité et multiplicité de la création dans l'unité. Les « sciences de la vie » confirment qu'il y a bien unité et pluralité de « la vie(s) ». Ce que la science actuelle nous dit, les anciens Hébreux le savaient déjà puisque la Bible parle toujours de « *vies* » au pluriel en associant ce substantif à un verbe au singulier, très exactement comme elle le fait pour les noms du divin. Ceci est tout à fait remarquable.

Ainsi l'unité et la multiplicité *des faces* de l'Éternel est en totale cohérence à la fois avec la création et la façon dont le nom de Dieu est exprimé. Là est sans doute le génie de la langue hébraïque qui sait nous faire sentir de façon simple, et en seulement deux mots, quelque chose de la Vérité divine.

Quant à ce double nom, n'a-t-il pas autre chose à nous révéler ?

Pour l'expliquer, plusieurs pistes ont été explorées par les exégètes. La réponse la plus couramment admise serait que deux traditions, l'une issue du polythéisme et l'autre plus strictement monothéiste, seraient la source religieuse de ce texte et se seraient fondues dans le texte biblique que nous connaissons aujourd'hui. Cette explication semble tout à fait plausible, mais elle s'interroge sur les conditions de rédaction du texte et non pas sur le texte lui-même. Aussi, si elle apporte quelques satisfactions sur le plan intellectuel, qu'apporte-t-elle à l'âme assoiffée de connaître Dieu ? Elle ne la comble vraisemblablement pas car si Dieu révèle Son Nom c'est pour se faire connaître et pour se faire aimer des hommes. N'est-ce pas aussi comme cela qu'agissent les hommes entre eux ? Par ailleurs cette réponse des exégètes n'explique pas pourquoi dans tel passage c'est « *IHVH* » qui est utilisé alors que « *Elohîms* » se retrouve dans d'autres.

Pour comprendre ce double nom, reprenons la réponse donnée à Moïse par Dieu lui-même dans la vision du Buisson ardent, au chapitre 3 du Livre de l'Exode. Du sein de sa vision Moïse lui demande, au nom des fils d'Israël : « *quel est ton nom ?* »

Dieu lui donne une réponse en deux temps. Il dit d'abord au verset 14 :
« *Je suis celui qui suis. Tu diras ainsi aux fils d'Israël : Je suis, m'a envoyé vers vous.* »

Les conjugaisons en hébreu n'indiquent pas de temporalité et c'est le contexte qui détermine si ce verbe « être » doit se conjuguer au passé, au présent, au futur, ou s'il est hors du temps. Ici nous pouvons penser qu'il s'agit d'une atemporalité comme Jésus l'a enseigné : « *En vérité, en vérité, je vous le dis, avant qu'Abraham fût, je suis.* »[109] Cette atemporalité est également confirmée dans le Livre de l'Apocalypse : « *Je suis l'alpha et l'oméga, dit le Seigneur Dieu, celui qui est, qui était, et qui vient, le Tout-Puissant* »[110]. Ainsi ce nom révélé à Moïse est centré sur

---

[109] Jean 8:58.

[110] Apocalypse 1:8.

l'Être intemporel et pourrait aussi se traduire : *Je suis Cela qui est, Je suis l'Être immuable, Je suis l'Être éternel.* C'est pourquoi la traduction par L. Segond de « IHVH » en « l'Éternel» rend remarquablement bien compte de ce nom hébreu.

Puis sa réponse est complétée au verset 15 :
« *Tu diras ainsi aux fils d'Israël :*
*IHVH, Elohîms de vos pères, Elohîms d'Abraham, Elohîms d'Isaac et Elohîms de Jacob m'a envoyé vers vous. Voici mon Nom pour toujours.* »

Dans cette révélation de Son nom avec ces deux versets n'est-il pas possible de voir quelque chose de plus que la simple juxtaposition des deux textes d'origines différentes ? Souvenons-nous que « *pour les Sémites le nom est identique à la réalité qu'il désigne* ».[111] Alors ces noms ne peuvent-ils pas nous révéler quelque chose de Dieu ?

Mais pour comprendre ce que la Bible nous enseigne il faut la lire du fond de notre cœur et se souvenir que « *l'erreur des hommes est de tout ramener à la notion de personne autonome, distincte des autres. Alors tout ce qui est plus grand que la personne, plus vaste dans le temps comme dans l'espace, devient extérieur à elle. Et Dieu n'est plus alors compréhensible autrement que tel une personne démesurée et largement imperméable, impénétrable.* »[112]

Si l'on voulait bien dépasser cette vision restreinte de la personne individuelle et autonome, la lecture des textes bibliques

---

[111] A. Chouraqui, dans *Le Coran*, op. cit.

[112] Mâ Sûryânanda Lakshmî, *Journal Spirituel*, op. cit. p. 110.

prendrait une autre dimension plus heureuse, mais également plus logique. Pour ce faire, la connaissance de traditions spirituelles différentes de la tradition judéo-chrétienne peut nous apporter un autre éclairage utile sans contredire le texte biblique dans sa version hébraïque. En effet, si la nature du Divin est *Une* et si la Vérité divine est également *Une,* il apparaît normal qu'elle se retrouve dans plusieurs textes sacrés de par le monde si on considère ces révélations à leur sommet, c'est-à-dire si nous nous efforçons de les bien comprendre du haut de l'Esprit.

C'est vers la sagesse de l'Inde, qui est très pédagogique, que nous pouvons nous tourner pour demander un éclairage sur cette question des noms du Divin. Pour s'en convaincre reprenons ce qu'a dit le Père Henri Le Saux : « *Le secret de l'Inde c'est l'appel au-dedans, l'ouverture au-dedans, toujours plus au-dedans ; non point l'enseignement de quoi que ce soit de nouveau, mais simplement l'éveil à ce qui est, au sein du fond.* »

En Occident, outre la Bible, de nombreux philosophes et des mystiques ont depuis l'aube des civilisations enseigné que Dieu et sa création sont en nous *UN,* mais on ne les a guère écoutés. Comme la chrétienté n'a pas été très à l'écoute de ces enseignements, et en conséquence est restée majoritairement dualiste, cela a fortement orienté les traductions de la Bible. L'exemple le plus frappant se trouve dans Luc 17:21 dont une traduction plus juste serait : « *le royaume de Dieu est au-dedans de vous* ». Ceci a été largement expliqué dans l'introduction de cet ouvrage.

Par contre l'Inde a été plus réceptive à ce message de l'intériorité et de l'Unité divine dans la multiplicité. Sa métaphysique plus libre s'exprime dans ce que l'on appelle le Vedanta dont l'une de ses composantes, l'Advaita Vedanta, est identique au monisme. Ceci apparaît clairement tant dans ses textes sacrés que dans l'enseignement de ses plus grands sages anciens et actuels, mais ils ont été souvent incompris en Occident, sans doute à cause de cette multiplicité révélée des visages de Dieux.

Ce qui a été exprimé dans le passage cité du Livre de l'Exode, la sagesse hindoue selon le Vedanta l'exprime de façon similaire mais d'une autre manière : Dieu est à la fois *« Le sans-forme »* (ou *« Absolu-Brahman »*) et *« Avec-forme »* (ou *« Dieu personnel et Puissances exécutrices »*). Il est tout à fait remarquable de retrouver très exactement ces deux aspects du Divin dans le texte hébraïque.

Selon Abraham Ibn Ezra[113] le nom de « IHVH », formé de quatre lettres (יְהֹוָה), *« représente un arrangement particulier et complexe du verbe être ; ces quatre lettres rendent compte à la fois du passé, du présent et du futur »*. Ce nom synthétise en quelque sorte le début du verset 14 et se réfère à l'Être ou à l'Absolu. L'Être *« en tant que ce qui n'apparaît pas, mais qui se manifeste dans l'étant »*[114] est équivalent à la notion du *« sans-forme »*. Remarquons que dans la tradition juive, comme en écho à cela, ce nom du sans-forme, « IHVH », est considéré comme ineffable, donc ne doit pas être prononcé. Effectivement le prononcer ce serait déjà lui donner une forme, car la psychologie humaine est ainsi faite que le nom et la forme sont indissolublement liés[115].

---

[113] Rabbin andalou du XIIe siècle. Il est considéré comme l'une des plus éminentes autorités rabbiniques médiévales.

[114] Hannah Arendt, *Journal de pensée*, Seuil, 2005, p. 931. Elle reprend ici la pensée de Heidegger.

[115] Dès que les hommes découvrent quelque chose d'inconnu ils s'empressent de lui donner un nom. À l'inverse, peut-on penser à quelque chose ou quelqu'un sans immédiatement se représenter sa forme ? L'homme ne peut concevoir

Prononcer ce nom ce serait en même temps oublier que seul le silence peut nous révéler ce qu'il Est. C'est pourquoi les juifs lors de la lecture et la récitation de la Bible le remplacent toujours par un autre nom, « Adonaï », ce qui en définitive ne fait que déplacer le problème et empêche de s'émerveiller de ce nom divin.

Après ce nom de l'Absolu ou du « sans-forme », le verset 15 ajoute l'expression *« Elohîms de vos pères, Elohîms d'Abraham, Elohîms d'Isaac et Elohîms de Jacob »*, qui évoque très claire-ment le *Dieu personnel*, c'est-à-dire « *avec-forme* ». Le Dieu personnel est celui que chacun peut prier et adorer, car il faut bien reconnaître que chaque homme a une vision et une compré-hension particulière du Divin, d'où ce nom *« Elohîms »* mis au pluriel. Cette compréhension singulière des hommes, donc mul-tiple pour l'humanité, n'empêche aucunement que Dieu soit toujours le même et demeure à jamais *UN*. Jésus a aussi enseigné cette multiplicité dans l'unité : *« Il y a plusieurs demeures dans la maison de mon Père, si cela n'était pas je vous l'aurais dit. »*[116]

Le Vedanta dit aussi que le « *Dieu personnel* » représente les « *Puissances exécutrices* » de Dieu. Ces deux aspects du Divin, à la fois Absolu et sa puissance exécutrice, se retrouvent également dans l'Ancien Testament. Il est révélé tout simplement dans le nom divin « *IHVH-Sabaoth* », qui est généralement traduit par « Dieu-des-armées ».

Edward Leigh dans son *Dictionnaire hébraïque* décrit très bien ces faces du divin. *« Le nom Yahweh marque son Éternité et son existence : son Éternité parce qu'il comprend en Lui toutes les*

---

l'idée d'un nom sans l'idée d'une forme et réciproquement.
[116] Jean 14:2.

*différences de temps, l'avenir, le présent et le passé ; son existence parce qu'il dérive d'une racine qui signifie être, car Dieu est son être en soi-même et par de soi-même, et communique à toutes les créatures tout l'être qu'elles possèdent. »* Et puis *« Elohîms désigne une certaine relation de Dieu aux créatures, car il marque l'empire et la puissance de Dieu, l'autorité et la force qu'il déploie dans le monde. »* [117]

Mais pourquoi l'Ancien Testament utilise-t-il ces deux noms en fonction du contexte et du message qu'il veut délivrer ? Pour illustrer cela nous ne prendrons qu'un seul exemple, et non des moindres, mais d'autres pourraient être cités. Ainsi il apparaît logique que dans le récit de la Création au commencement de la Genèse, seul le nom « *Elohîms* » soit utilisé puisque ce récit exprime typiquement une action de puissance créatrice et exécutrice.

Et pourquoi dans le verset 6:4 du Deutéronome, ce nom de l'Absolu est répété et encadre le nom du Dieu personnel (« *IHVH – nos Elohîms – IHVH* ») et non l'inverse ? Ceci n'est pas qu'un simple effet de style, ou mis comme cela par hasard, mais porte en soi une révélation. Cette forme syntaxique nous révèle que rien ne peut encadrer ou limiter l'Absolu : Il est le commencement et la fin de toute chose. Nous retrouvons ici ce que Jésus a dit : « *le Père est plus grand que moi* ».[118]

La sagesse hindoue et le Vedanta nous apprennent que l'homme a besoin de passer par le Dieu personnel, car l'Absolu ne peut,

---

[117] Traduit en français par Louis de Wolzogue à partir de l'original en anglais. Édition de 1712.

[118] Jean 14:28.

sauf exception, être connu directement. Jésus enseigne la même chose lorsqu'il dit : « *Nul ne vient au Père que par moi* »[119]. Ici il est très important de comprendre que ce « *moi* » ne se réfère pas à une personne, donc n'est aucunement limité dans l'espace et dans l'histoire, donc nullement exclusif, comme le pensent trop souvent les chrétiens. Une telle pensée doit être corrigée car elle trahit le cœur même du message de Jésus. Donner à Jésus seul l'exclusivité de la plénitude divine, c'est en priver tout le reste des humains. Il faut comprendre que ce « *moi* » dans la bouche de Jésus signifie ce qu'il EST de toute éternité, c'est-à-dire un Dieu personnel fils du Père et incarnation de l'Absolu sur la terre, comme il l'a lui-même défini lorsqu'il a dit : « *Celui qui m'a vu a vu le Père.* »[120]

Cette révélation du *Nom* donné à Moïse dans le Livre de l'Exode nous montre qu'il y a une profonde convergence, et même identité de vue, entre cette révélation, l'enseignement de Jésus et celui du Vedanta. N'oublions pas cependant que si les textes bibliques et védantiques nous apportent une certaine lumière sur la Vérité de Dieu, cette compréhension reste toujours limitée et insuffisante par rapport à ce qu'Il est, comme le dit Shrî Râmakrishna : « *Dieu est sans-forme et Il est aussi avec-forme, et encore au-delà de la forme, et de ce qui est sans forme. Lui seul sait ce qu'Il est.* »[121]

Il est merveilleux de constater que comprendre le texte biblique de cette manière tout en rendant compte de la diversité des religions et sagesses du monde affirme leur unité. La multiplicité s'exprime particulièrement dans les religions dites *polythéistes* ;

---

[119] Jean 14:6.

[120] Jean 14:9.

[121] Dans *L'Enseignement de Râmakrishna*, Albin Michel, 1972.

malheureusement on ignore trop souvent qu'elles ont en général conscience de l'Unité divine au-delà de la multiplicité des Dieux invoqués. Par exemple, il est un fait largement reconnu que pour les hindous Dieu est *Un* sous les multiples noms et visages adorés. D'un autre côté les religions dites *monothéistes* prétendent être les seules garantes d'une vision de l'unité et de l'unicité divine. Toutefois le Christianisme admet explicitement dans sa conception de La Trinité que Dieu puisse avoir trois visages. Dès lors, marquer une séparation, voire une opposition, entre ces deux grandes catégories de religions n'est guère justifié. Prétendre en outre que les religions dites monothéistes seraient plus avancées, donc supérieures, l'est encore moins. Cela est d'autant plus vrai que la Bible elle-même révèle très clairement, et en toutes lettres par les noms du Divin, cette unité-multiplicité. S'efforcer de le voir ne rendrait-il pas sa lecture beaucoup plus féconde et ne serait-ce pas, aussi, un levain pour un œcuménisme plus universel et plus vrai, source de tolérance et de fraternité plus efficaces entre les peuples ?